How to ...
Essays from ...

安武内ひろしの

これだけっ！自由英作文

大原則編

水王舎

Contents

第2章［問題演習・実践編］

本書のねらい

学校の先生・塾の指導者・ご父兄の皆さまに
読んでいただきたいこと

　自由英作文の学習参考書は現在（2021年）、10種類程度が出版されていると思いますが、残念ながらどれも生徒の知りたいところまで十分な説明が行き届いていないと思われます。**生徒が知りたいのは、美しい模範解答**（そのうちの多くはネイティヴが書いたと思われる）**まで、自分の現在の地点からどのようにしたら到達できるかです。でも、その道筋を、階段を上るように一歩ずつ指南してくれる学習参考書がない。**模範解答が初めに提示されて、あたかも英文読解の学参のようにその出来上がった英文を上から説明してもらったところで、そこへ生徒が登りつけるかというと、そんなことは誰も保証できません。そもそも生徒が自分で書いた英作文の論旨の方向が、その模範解答とはまるで違っていたら、生徒はその学参では自習できません。自分の答案の評価ができませんから。生徒が知りたいのはあくまで自分の書いた答案についてです。自分の答案がどのくらいのレベルの答案で、どこをどう直せばもっとよくなるのかが知りたいのです。ですから発想を真逆にしなければなりません。**ネイティヴに書かせた模範解答から逆算するようにして説明を施した、まるで英文読解のような自由英作文の参考書など全く要らないのです。**生徒の現在の実力を出発点にして、どうしたらそれをネイティヴ並みの、正確で自然な英文が書ける地点まで引っ張り上げられるのか、それが著者である私（あぶないひろし）の持続する問題意識でした。

　自由英作文を高3生と浪人生に指導し始めてから早や20年。20年前と比べると、生徒の書く平均スピードはかなり上がってきたのは事実です。その一方で、20年前と変わらない問題点は、書き出しの第1文からどう書いたらいいのかまるでわからない生徒、どう文章の論理を展開して、文章を制限語数まで広げていったらいいのかわからない生徒、冠詞や名詞の

単数・複数の使い方の区別がまるでわかっていない生徒、英語の時制がめちゃくちゃな生徒、判別できない文字を書く生徒、そもそも書くべき意見を持っていない生徒、などなど。

　最初の最初から1文ずつ丁寧に書き方を教え、その過程で、生徒がおそらく抱く疑問に対して極力答えるような自由英作文の参考書を、と思って作ったのがこの本です。この本は自由英作文の中でも、自分の意見を論述するタイプの問題だけを取り扱っています。その他の自由英作文の問題形式は、本書の姉妹編である「これだけ！自由英作文　難関大学攻略編」で取り扱っています。

　自由英作文は、基本的には、どのように自分の意見を展開しようが「自由」であって、固定した書式という枠にはめないほうがいいとは思いますが、**1文も書けない生徒に対しては、最初は固定した枠を与え、この枠通りに書けば、とりあえずはちゃんとした答案になるよ、と教えることは必要なのだろうと思います。**そうしないと大学に受かりませんし。しかも日本人は、何かを学ぼうとするときにはまず型から入る、というのが古くからの伝統になっています。それはもう歌舞伎、茶道、柔道、剣道、野球、サッカー、どれをとってもそうです。だんだん上達していったら、自分の自由裁量を増やしていけばいいのだと思います。

本書の特長は上記の点のほか、

①入試頻出問題をなるべく多く取り入れた
②模範解答はなるべく多く提示した
③制限語数まで届かない生徒のために、どう文を増量すればいいのかを詳説した
④一般論の書き方を詳しく説明した
⑤設問に対してはそもそもどう考えるべきなのかを解説した
⑥どの表現が自然でどの表現が不自然かを示した

等々あります。

　④の増量方法は、その逆を行なえば、自分の書いた英文を、より引き締まったコンパクトな文章にできます。redundantな文章ではなく、conciseな文章こそが、ライティングの最終目標であるべきなのは確かですが、大学入試の場合には、語数制限があり、その語数を満たさないと減点されるので、引き締まった明瞭な文章作成の逆を行かなければならないこともあります。

　教室で生徒に毎回強く強調していることがあります。それは、**「ありとあらゆる事柄について自分の意見を持つことが必要だ」**ということです。私は滞米生活丸6年でしたが、米国ではどんなに稚拙な意見であっても、**意見を持っているということ自体が、他人と違う自分の存在証明みたいなところがあり**、意見を何も持っていないというのは、大人としてふつうあり得ないことだという感覚を米国人は持っているみたいでした。いろいろな現実問題に対して意見を持っていない生徒は、自由英作文の設問に対しても自分の意見は書きようがありません。意見がないのですから。

　ぜひとも現場を預かる先生方には、その点を生徒に強調して、いろいろなところから情報を集め、自分の頭で考える習慣をつけさせていただきたいと思います。それが日本の未来を明るくする方法の1つだと信じています。

2021年7月末日

あぶない（安武内）ひろし

読者の皆さんへ

この本はどんな受験生の役に立つか？

　大学受験生を教えていると、よく「先生、自由英作文ってどう書いたらいいのですか？」という質問を受けます。それらの生徒は、自由英作文がうまく書けないからと言って、必ずしも英語が苦手で出来ない生徒、というわけではありません。英語が好きだけど、自由英作文の書き方と対策がよくわからない、という生徒も多いのです。

　この本は、大学入試でよく出題される「自由英作文」の書き方がまるでわからない高校生・浪人生に、初歩の初歩から書き方を指導する本です。以下のような人を想定しています：

・最初の第1文から何をどう書いたらいいのかまるでわからない
・100語程度の指定語数が長すぎて、どうしたら書き切れるのかわからない
・どのように書けば良い点がもらえるのか、どう書いたら減点なのかわからない

　つまり、自由英作文というものに対してほとんど知識がない高校生・浪人生を対象としています。学力レベルは、おそらく進学校の高2生以上であればこの本について来られると思います。

　この本（大原則編）では、自由英作文の論述文について、最初の最初から、何をどう書いていけばいいのかを、一歩一歩くわしく説明してあります。内容は第1章と第2章に分かれています：

第1章　自由英作文の書き方を丁寧に解説しています（必須知識・解説編）
第2章　実際に自由英作文のさまざまな問題を解きます（問題演習・実践編）

入試があと1 〜 2週間で始まってしまうと焦っている人は、第1章だけやればいいです。それでもかなりの得点力が向上します。一方、入試までに1か月以上の時間がある人はこの本を終わりまでしっかりやります。

　最後まで真面目に学習を完了すると、①どんな知識・技能が身につくか、そして②どのくらいの実力がつくのか？が君の知りたいことだと思います。

【質問】　どんな知識・技能が身につきますか？

【解答】　主に2つのことが習得できます。
・知識 ―― 自由英作文はどんなフォーマットで書けばいいかという「書式」
・技能 ―― 「まだ30語足りない、どうしよう」というときの「増量ワザ」

【質問】　どのくらいの実力がつきますか？

【解答】　以下に掲げる答案のレベルまで行ければ大成功です。この答案は著者（あぶないひろし）が教えた生徒（高3女子）の答案ですが、この答案レベルまで到達すれば日本のどの大学のどの学部でも十分通用します。

【問題】　文科省（the Ministry of Education and Science）も多くの大学も、大学入試の英語試験問題を旧来の読解・和訳中心の問題から4技能（the four practical English skills）を調べる問題へと変えようとしているようです。このような変化についてあなたはどう思いますか？ 80 〜 100語の英語であなたの見解を述べなさい。

【ある生徒の答案例】
　　The Ministry of Education and Science, as well as many universities in Japan, is looking for new ways to evaluate their applicants' English abilities by giving new types of entrance

examinations based on the four practical English skills. I think this change will have very good effects on high school students. Japanese students have mainly been taught how to translate English into Japanese at school, and as a result, they may be good at translation but poor at speaking or listening to English. This new English exam system will help them become better speakers of English. (96 words)

【参考語彙】
as well as 〜　〜と同様に // evaluate　評価する // applicants　受験者・応募者 // entrance examination　入試 // based on 〜　〜に基づいて // translate A into B　AをBに翻訳する

　もちろん自由英作文以前に、君の「基本的な語彙力の有無」は問題になりますが、意見論述型の自由英作文の書き方という面では、この本を1冊やればもう怖いものなしです。

　この本では、大学入試の自由英作文の約60％を占める「意見を述べる」英作文（＝「意見論述文」）だけを扱っています。出題の過半数が意見論述文だからです。残りの40％はその他の形式に分類されます。それは、

・グラフ・表の読み取り
・emailの返信
・1枚の写真・絵の描写
・4こまマンガの描写
・事物の説明・定義

などです。

　こちらは、この本の姉妹編である「これだけ！自由英作文　難関大学攻略編」で完全網羅してありますので、入試で必要な人は、下巻も必ずしっかり学習してください。

本書の使い方

♥事前に準備すべき文房具について

①黄色いマーカー

黄色いマーカーが必要です。この本のページのあちこちに細い点線下線（........）が引かれている箇所がありますが、そこが重要な内容が書いてある箇所です。黄色いマーカーで、その文や語句に線を引きます。それぞれの講をやるときに、最初にその講の中にある全部の点線下線部を、黄色いマーカーで塗ってしまうのがいいです。

さらに、「ここはとても重要なことが書いてある」と自分で思った箇所にも同じマーカーで色を塗りましょう。

②自由英作文専用の新しいノート

自由英作文は、自分で書かない限り実力は向上しません。とにかく自分で英語を書く。英語を書いて、直して、また書く。この作業が一番大切です。ですから、ノートは必須です。本書は書き込み式で、一応、空欄に罫線が入っていて、自分で作った英作文を本に書き込めるようにはなっていますが、自分専用のノートを新しく作って、そこにきれいにまとめて書いていくことをお勧めします。

③単語カード

単語カードとは100円均一のお店（＝100均）で、3個100円で売っている、小さな長方形の画用紙の束を金属のリングで閉じたものです。この本の各講の「🖊 語彙のヒント 」に載っている語句で、知らないもの、書けないものがあったら、即座にこの単語カードに書き写します。表に日本語を書き、裏にその英語訳を書きます。それを学校・塾の休み時間などに何度も見返します。

♥自学自習の進度について

1回の進度は、1講ずつ進むように編集しました。講によって多少の長短はありますが、1日1講ずつ進むのがいいと思います。「自分はチョー飽きっぽくて3日坊主だ」と痛感している人に限り、全編を3等分して1日1/3ずつ進み、3日で終わりにします。3日坊主の人にはそれ以外の方法はありません、3日坊主ですから(笑)。

♥辞典の使用について

和英・英和辞書は大いに使ってください。辞書は深夜でも早朝でも嫌な顔ひとつせず付き合ってくれる、君の最良の家庭教師です。

♥書く意見の内容について

「自由」英作文は、事実に基づくどのような意見を展開してもOKです。反社会的でなく、論理的で、英語がまちがっていなければ自由です。大学入試では君が書いた意見の内容で不利になることはまずありません。日本国憲法にも「言論の自由・表現の自由」は明記されています。

第1章

[必須知識・解説編]

Lesson 1
自由英作文の必須知識

―✳✳✳✳✳―

自由英作文は、とても多くの国公立大学の約6割と一部の私立大学（上位）で出題されています。配点も高いのでとても大事です。しかし、自由英作文の書き方をまるで教えてくれない高校がまだ全国にはかなりあります。もし不運にも君の高校がそうであるなら、自由英作文は自分で対策しなければなりません。
したがって「自由英作文は自分で対策するぞ！」と今、覚悟を決めてください。

自由英作文を自力で習得すると決心したら、以下に書かれている、大学入試の「自由英作文の大原則」2つを、気合を入れて、全部ていねいに読んでください。約5ページあり、読み終わるのに15分間程度かかります。

《自由英作文の大原則》（読了時間：約15分）

自由英作文をどういうふうに書いたらいいのか、その原則は2つあります。

❗ 第一原則
減点を限りなく減らす書き方をせよ

理由は簡単、多くの大学では採点は「減点法」で行われているからです。
減点法というのは、

- ❶ 文法・語法・綴りなどがまちがっていたり、
- ❷ 書いた内容が質問に答えていない、または自己矛盾している場合に、

持ち点から何点かを減点する方法です。
まちがったら減点なのですから、まちがわないようにする、ということですね。
以下に掲げるのが、「まちがわないようにする方法」です。

❶ やさしい語彙を使う。

勘違いしている人をときどき見かけます。同じ内容の文であれば、簡単な表現で書くほうがよいのです。むずかしい語、つい最近覚えたばかりの長い語、などを使いたい

という衝動に駆られることがあるかもしれませんが、入試ではまるで意味がありません。「こんなむずかしい語を知っているのか、では1点おまけ」などという採点は聞いたことがありません。やさしい語に徹することが大切です。

❷ うろ覚えの語は避けてちがう表現にする。

「この内容を表す語は確かこんな語句だったよな」という感じで、うろ覚えの語句を使って書いてはいけません。きっと綴りがまちがっていたり、場ちがいの表現になっていたりする危険性が高いです。十分確信の持てる表現だけを使って書きます。

❸ ていねいな字、大きい字、濃い字を書く。

鉛筆の硬度はHB～Bくらいの柔らかめの方がいいです。ていねいに行をそろえて書いてください。蛇がのたくるような蛇行した書き方は不可です。大文字と小文字の区別ができないと減点されます。また、nとmとhを区別して書けていますか？ bとhは大丈夫ですか？ aとoはどうですか？ 君の答案を採点しているのは70歳代の、目がしょぼしょぼしている老教授かもしれませんよ。大きな字の方が小さな字よりもいいです。筆記体で書く人は、英米でも現在ではほとんどいませんが、筆記体で書いてもかまいません。ていねいに書けばOKです。

❹ 短くわかりやすい文を書く。複雑な文、長すぎる文は書かない。

接続詞を3つも4つも使って、4行～6行くらいの長い一文を書いて自己満足に浸る人がいますが、減点されます。意味がつかみにくく、みっともないからです。1つのセンテンスには1つの内容だけにする、これが大切です。1つの文の中で、接続詞を1つ使って2文を連結するのはいいでしょうが、それ以上の接続詞の使用は避けます。

❺ 論旨（＝主張の筋道）は単純化して、誰が読んでもわかる意見にする。

自分の英語表現力が低いのに、自分の思考能力が高いからといって、複雑で難解な内容を英語で表そうとすると、壊滅的な失点に結びつきます。他人が読んで、まるで意味のない文章になってしまうからです。自由英作文は英語での表現力を診断するわけですから、わかりやすい、単純な内容を、簡単でわかりやすい英語で表現するのが正しい道です。

❻ 良識的な内容にする。奇抜なことを書いて目を引こうとしない。

いわゆる「ウケ狙い」です。自分は他人とちがうと思うことはいいでしょう。それぞれの人には個性があります。しかし、自由英作文の答案を、奇妙奇天烈、常識はずれの内容にするのは不利です。常識からかけ離れた意見を展開するときには、周りの人（この場合は入試の採点者）を説得するのに余分なパワーを必要とします。皆が信じている常識をひっくり返していくわけですから、紙面も語数も多く必要になります。だからやめなさい。常識にそった内容にするべきです。

❼ 指定語数の＋10％から−10％の範囲で書く。

もし100語程度という指定なら、90 ～ 110語の間に収まるように書くのが原則です。20％以上、上下にはみ出ると厳しい減点がおそらく待っています。「どうしてもこれ以上はもう書く内容がない」という人は、この本で「英文のふくらませ方」を解説しましたから、そこを読んでください。

❽ 自由英作文の標準書式を守る。（段落・制限語数・両側そろえなど）

この本では「意見を記述する」タイプの自由英作文を詳しく解説していますが、英語で「意見記述」するには決まった書式（＝書くときに守るべき形式）があって、これを守らなければなりません。

ということで、次は英語で意見を書くときの「書式」の話です。

❗ 第二原則
英文の書式を覚えよ

日本語の小論文でも原稿用紙のマス目の使いかたとか、句読点の打ち方とか、いろいろな決まりがあります。英語も同様です。以下の書式の規則をしっかり守って書くことで減点を防ぐことができます。

❶ 段落下げ——英字５文字分、右にずらして書き始める。

日本語では、段落の頭の書き出しは1マス下げますね。英語では4 ～ 5文字分、右にずらします。これを英語でIndentation（段落下げ）と呼びます。

❷ 両側をそろえる。文が終わっても行換えしない。

１文を書き終えてピリオドを打ったら、（ピリオドの右にまだ余白があるのに）次の行

へ移るという書き方は減点されます。ピリオドを打った右に次の文を続けます。その結果、君の答案は左の縦列だけでなく、右の縦列も垂直にそろいます。

❸ 段落の数——全体を1段落で書く（総語数が120語までの場合）。

解答用紙の1行に書ける英語の単語は平均で10語程度です。100語だと約10行の長さの答案になります。1ページの上半分くらいですね。ほとんどの国公立大で出される意見記述型の自由英作文の長さの指定は長くても約100〜150語なので、<u>原則は1つの段落で書けばいいです</u>。100語を越えるようだったら、2段落に分けるという手も考えられますが、それは例外的な場合になります。

逆に3〜4行で段落換えする書式は「新聞・雑誌スタイル」と呼ばれ、読者が見出しと第1段落を読んで、その記事を読み続けるか、それとも別の記事に飛ぶかを判断するのに便利なようになっています。 <u>君が書く答案は意見記述であって、新聞記事ではありませんから、3〜4行書いたら新しい段落に移るという書き方をしてはいけません</u>。

❹ 各行の書き方——行は飛ばさず、すべての行に書く。

一部の高校、予備校、塾では答案の添削のしやすさから、生徒に1行おきに（double-spaced）書きなさいと指示するところがあります。これはあくまでも採点者側の都合です。実際の入試では、1行おきに書きなさいという指示が与えられることはほとんどありませんから、1行ずつ空けずにぎっしり書いてください。（ただしemailの書式だけはちがうルールがあります→「これだけ！自由英作文　難関大学攻略編」参照）

❺ 句読点の打ち方——カンマやピリオドなどの句読点・記号は行の頭に使わない。

行の頭に使えない記号は以下の通り：
・ピリオド　　　 .
・カンマ　　　　 ,
・コロン　　　　 :
・セミコロン　　 ;
・ハイフン　　　 -

そのほか、文の途中で突然に大文字から始まる語が混入する答案をよく見かけますが、固有名詞でなければそんなことは起こるはずはありません。この原因は、例えば以下のように、君がある一文を書いてから見直して、先頭に語句を付け足したいなと思っ

てそうした後、既に書いてあった文の先頭の大文字を小文字に直し忘れたせいだと思います。気を付けましょう。

> It's a nice gift. → I thinkを文頭に付け加えたいなあ →
> (×) I think It's a nice gift.

さらに、長い単語を書いている途中で行の最後まで来てしまったとき、どうしますか？単語を分割してハイフンでつないで、次の行へと続けようとする人がいますね。それはやめるべきです。単語の内部のどこで分割してよいのかは、実はルールで決まっていて、辞書には分割位置が明示されています。たとえば、

> an・thro・po・log・i・cal（人類学上の）

この小さな点のところでしか単語は分割できません。しかし、そんなことは受験生のほとんどが知りませんから、結局、単語を分割して2行にまたがって書くというワザ自体が適切に使えないのです。勝手に分割して改行したらまちがいになってしまうかもしれません。単語を丸ごと次の行に移行させればいいだけです。

> ❻ 内容展開——「主張」が先で「理由」は後まわし。「主張」は繰り返さない。

日本語では「結論（＝主張）」は最後に書かれますが、**英語で意見を書くときには「主張」は最初に持ってきます**。初めに自分の立場を明確にするのです。その後で、その主張を裏付ける「理由（＝根拠）」を書きます。**「主張」→「理由」の順**です。
入試で書くのは100〜150語（半ページ）くらいのごく短い意見ですから、自分の答案の末尾に「主張」を繰り返す必要はまったくありません。数行上を見れば、答案の最初に「主張」が書いてありますから繰り返しは不要です。繰り返さずに別のことを書く方が、君の答案の内容をより豊かにできます。（繰り返したら減点という意味ではありません。内容が薄くなり、不自然な文章になる、という意味です。ただし、後で述べるように、制限時間が迫って、あと20語くらい書き加えなければいけないけど、何もアイディアが浮かばないという窮地では非常手段として「主張の繰り返し」は使ってもかまいません。）

さて、この「内容展開」の話は大切な話ですが、具体的に入試問題を解きながら説明したほうがもっとわかりやすいと思います。ということで、ここからはいよいよ自由英作文の実践に入りましょう。

Lesson 2
書き出しの文は何を書くべきか Part 1

─*****─

ここからは実際に問題にあたって、1センテンスずつ、その書き方を習得していきます。
まず初めにやるのは、

① 設問が日本語で書かれていて
② 君に賛成か反対かを書かせる

ような問題です。これが入試では一番よく出る形式です。

Q 1 『たとえ価格が高くても、環境を汚染しない製品を消費者は購入すべきだ』という意見に対して、あなたの見解を60 ～ 80語の英語で述べなさい。

この問題を解くときに、何から書き始めればいいのでしょうか？ 前の講で示したように、第1文では、まず自分の「主張」を書きますが、その際にとても重要なポイントを、以下に3つ指摘しておきたいと思います。

❗ POINT ❶

自由英作文（意見記述）では、まずはっきりとした主張を書く

最初に書くセンテンスを日本語で記すと、以下の3通りが考えられます。

- ◎ ❶ 私は『～』という意見に賛成だ。
- ◎ ❷ 私は『～』という意見に反対だ。
- △ ❸ 私は『～』という意見には、賛成する部分も反対する部分もある。

賛成の立場でも反対の立場でもかまいません。どういう意見であってもOKです。しかしながら、3番目のようなどっちつかずの主張はできるだけ避けるべきです。どっちつかずの意見では、読む人に強い印象を与えられません。せっかくの君の意見のインパクトが弱くなってしまいます。英語では「強い意見」が好まれます。一つの立場にはっきり立って、その立場を力強く主張するべきです。

これらの書き出しを英語にしてみましょう。

● 意見　the idea / the opinion / the view

---

❶ 私は『〜』という意見に賛成だ
*I agree (with the idea) that ~
I support the idea that ~
I am for the idea that ~
I am in favor of the idea that ~

➡ 「意見に賛成する」ときはI agree with ...が正しく、(×) I agree to ...をここで使うのはまちがいです。

➡ I agree with the idea that 〜よりもI agree that 〜の方が、語数が少なくて同じ意味を表せるので、効率的という意味では、より好ましいです。

---

❷ 私は『〜』という意見に反対だ
I disagree（with the idea ）that ~
I am opposed to the idea that ~
I am against the idea that ~

➡ I disagree with the idea that 〜　の下線部もI agreeの場合と同じです。

➡ thatの後ろには文が来ます（つまりthat節です）。

ちなみにこの本で「文」と書かれているときには、以下の2つの意味のうちどちらかです。

①日本語の意味での「文」。
　つまり
　・何がなんだ
　・何がどんなだ
　・何がどうする
　の3つの形式です。英文法用語では通常「that節」と呼んだりするものが、この本では「that＋文」と表記してありますから要注意。

②英語における「文」、つまり大文字で始まりピリオドで終わる、英語の1文全体です。

❗ POINT ②

設問文に書かれている日本語は、省略せずに必ず英訳する

『たとえ価格が高くても、環境を汚染しない製品を消費者は購入すべきだ』という設問の日本語を「that + 文」のところできちんと英訳する必要があります。そこをうまく和文英訳できるかどうかを採点者はチェックしています。ですから、

　（×）I agree. This is because...

のように、「that + 文」を書かずに、ピリオドを打って先に行ってしまう書き方は×です。ただし、例外として、制限語数が30 〜 50語くらいのごく短い自由英作文では、原則を破って、I agree with the idea [the opinion]. までで文を閉じてもよいでしょう。

 語彙のヒント

- もし〜であったとしても　**even if** ＋文（→「文」の内容が事実かどうかは不明）
- たとえ〜ではあっても　**even though**＋文（→「文」の内容が事実だとわかっている）
- 価格が高い　　　　　　**expensive**「価格」＋「高い」と分解せずに**expensive** 1語で表せる。または**you pay more**という言い方もできる。
- 環境　　　　　　　　　**the environment**（必ず**the**が必要）
- 汚染する　　　　　　　**pollute**
- 環境を汚染しない　　　**eco-friendly**
- 製品　　　　　　　　　**a product / products / goods / appliances**
- 消費者　　　　　　　　**a consumer / consumers**
- 購入する　　　　　　　**buy / purchase**
- 〜するべきだ　　　　　**should**

問 1

『たとえ価格が高くても、環境を汚染しない製品を消費者は購入すべきだ』を英訳しなさい。上の語彙のヒントを参考にしてください。

....

....

問1 の解答

(1)

Consumers should buy products which don't pollute the environment, even if they are more expensive.

またはカンマの前後を入れ替えて言うこともできます：

Even if they are more expensive, consumers should buy products which don't pollute the environment.

➡ Even ifの右にある下線を引いた代名詞のtheyは、後ろに出てくるproducts を表しています。後半の文が主節なので、主節の中に名詞（products）を書き込んで、前半の文（＝従属節）の中ではそれを指す代名詞（they）を使うというのは、英語ではよくやる手です。

➡ なぜexpensiveではなくて比較級のmore expensiveになっているのでしょうか？それは、環境を汚染しない製品をふつうの製品と比較しているからです。

consumers / products / polluteなどの単語をとっさに思い起こせない人（＝単語力不足の人）はどうしたらいいでしょうか？もし文法力があれば切り抜けられます。関係代名詞をうまく使える人なら、簡単な単語を組み合わせて同じ内容を表現することができます↓

(2)

Even if they are more expensive, people should buy things that are good for the environment.

まず単語レベルで
consumers → people
products → things
pollute → are not good for the environment
と言い換えしました。
次に関係代名詞を使って、上の下線部のように「環境を汚染しない製品」を英語で表現しました。むずかしい英単語を知らない、または入試本番でとっさに思いつかないときには、やさしい単語を関係代名詞を用いて組み合わせることができれば大丈夫ということですね。
逆に**単語力のある人なら、ここの下線部はeco-friendly goodsと言えば終わってしまいます。**簡潔です。

➡解答は（1）でも（2）でも差はありません。むずかしい語を使ってもやさしい語を使っても、表現している内容が同じならどちらでもOKです。ほかにもいろいろな言い方で解答を書くことができます：

(3)
・You should buy eco-friendly goods even if you have to pay more for them.
・Consumers should purchase "green" products even though they cost more.
・People should buy energy-efficient products even though they are more expensive.

➡even ifとeven thoughの意味のちがいは「語彙のヒント」でもう一度確認してください。

❗ POINT ❸
第１文（＝先頭の文）の中では、「それよりも前の文中にあるものを指す語句」は使えない

第1文よりも前には何も存在しないので、ないものは指せないという意味です。「前の文中にあるものを指す語句」とは、指示語（this / that /these / those）や代名詞（they / it / he / she / him / her / them）のことです。これらの指示語や代名詞を先頭の文よりももっと前のものを指そうとして使うのは禁止です。
たとえば、もし設問文が英語で書かれていた場合に、その英語の設問文中の語句を指すために、自分の最初の文中で指示語・代名詞を使おうと考える人がいるかもしれませんね。それはいけません。しっかり名詞で書いてください。君の答案の書き出しの一行目よりも上には何もない、というのが自由英作文の前提です。

結局、この Q 1 の書き出しの最初の文（第1文）は次ページのようになりました：

Lesson 2

A 1 書き出し文の解答例

I agree that people should buy things that are good for the environment even if they are more expensive.

I agree with the idea that you should buy eco-friendly products even if you pay more for them.

本来なら、この続き（第2文以降）を書き進め、**Q 1** の解答を完結したいところですが、その前にまだやることがあります。

次の講では「書き出しをどうするか」の問題をさらに深く検討していくことにします。

Lesson 3
書き出しの文は何を書くべきか Part 2

—＊＊＊＊＊—

前回の第2講でやった自由英作文は、入試最頻出の形式での問題でした。すなわち、

① 設問が日本語で書かれていて
② 君に賛成か反対かを書かせる

ような形式でした。
この第3講では、

① 設問が日本語で書かれていて
② 君にAの方がよいのかBの方がよいのかたずねる

ような形式の問題を扱います。

Q 2 最近では、たいていの高校生は紙辞書ではなくて電子辞書を持っていますが、英語学習では紙辞書と電子辞書のどちらがよいと思いますか。あなたの見解を60 〜 80語の英語で述べなさい。

この問題を解答するときには『Aに賛成（または反対）です』という形ではなく、

『AとB を比べてみると、Aの方が優れています』

のような形で書きます。ですから書き出しも **Q 1** とはちがう形で書かなければなりません。この **Q 2** で重要なポイントは、次の **1**〜**4** です。

❗ POINT **1**
自由英作文（意見記述）では、まずはっきりとした主張を書く

◎ 私は紙辞書の方が、勉強に役に立つと思う。
◎ 私は電子辞書の方が、単語を引くときに便利だと思う。
△ 私は紙辞書にも電子辞書にもそれぞれ良い点があると思う。

「紙辞書にも電子辞書にも良い点がある」という、どっちつかずの主張は避けるべきです。せっかくの君の主張が曖昧になり、ぼやけてしまいます。さらに、両方の良いところを書こうとすると、より多くの語数を必要とするので、簡潔にまとめる入試自由英作文には向きません。

> **❗ POINT ❷**
> 個人限定にして書くか、それとも一般論にして書くかを決める

書く英文に、以下のようなちがいが出てきます：

- ・個人限定＝私にとって（自分だけのこと）　→　主語は I
- ・一般論＝誰にとっても（みんなに当てはまる）　→　主語は you

「主語はyou」のところで「あれ？」と思った人もいるかもしれません。weではないのかなと。youには2つの意味があります。

★ youの2つの意味 ★

❶ **話しかけている相手**＝あなた（方）・君（たち）←中学で習う
❷ **（一般に）人々・私たち・我々**　　　　　　　　←高校で習う

たとえば、「**私たちは**、通りを横断中は注意しなければなりません」は

◎ **You** should be careful while **you** are crossing the street.
△ **We** should be careful while **we** are crossing the street.

weは「自分が入っているグループ」や「自分もその一員になっている集団」を指します。「太郎君と次郎君と私」みたいな場合です。weの対立語はtheyです。例えば、私たち日本人（we）、あの人たち中国人（they）、われわれ現代人（we）、あの人たち原始人（they）、われら地球人（we）、あいつら宇宙人（they）のような対比です。一方、誰にでも当てはまる「一般の人々」の意味ではweではなくてyouを使います。「横断中に注意が必要」なのは誰にでも当てはまります。ですから、この「私たちは」は「一般的に人々は」という意味です。その場合にはweではなくyouを使います。
もっと強く「一人の例外もなく」という意味を表すときにはeveryone / everybodyも使えます：

Everyone has to get a vaccine.
（私たちは全員がワクチンを受けなければなりません）

さて、問題に戻って考えましょう。

「電子辞書は**自分にとっては**使いやすい」と言うのか、それとも「電子辞書は**一般的に**（誰にとっても）使いやすい」と言うのか…それはどちらでもかまいません。得点の差はありません。でもどちらの主張をしているのかは、書いている君が自覚しておかなければなりません。

迷ったときには「一般論」にします。一個人の感慨では意見としては弱いからです。「私だけじゃありませんよ、みんながそう思っているんです」という主張の方が、説得力があります。

⚠ POINT 3

2つのものを比較しているのだから当然、形容詞や副詞は「比較級」を使う

good → better　　easy → easier　　　　handy（便利な）→ handier
useful → more useful　　effective（効果的な）→ more effectiveなど

形容詞と副詞には比較級がありますが、語尾を--erにするタイプと、語の前にmoreを付け足すタイプとに分かれます。長い語（母音が3つ以上の語）ではmoreを付け足し、短い語では語尾を--erに変化させます。両方やってはいけません。

　× more better　　　× more easier

この問題では電子辞書と紙辞書の2つの優劣を比べているのですから、当然、比較級を使わなければなりません。

⚠ POINT 4

「紙辞書」「電子辞書」などの名詞は、単数形、複数形のどちらを使うか？
もし単数形ならaを付けるのか、theを付けるのか、それとも付けないのか？

英語を書くときには、いろいろ考えなければならないことが多くて大変です。英語で

25

名詞を文中で使う時にはいろいろな変化形がありますが、大ざっぱに分けると、英語の特徴として

① 1個（＝単数）と2個以上（＝複数）で、名詞の形が変わる（＝語尾に－sが付く）。

② theが名詞の前に付く場合（＝聞き手・読み手が既に了解済み）と、theが名詞の前に付かない場合（＝初登場）がある。

この **Q2** では「一般論」で書くことにしましょう。つまり「一般に辞書というものは」という意味で書くことにします。その場合にはtheの付かない複数形（dictionaries）を使います。

「**一般論では、数えられる名詞はtheの付かない複数形を使う**」

と覚えておく必要があります。

（※「**名詞の単数・複数と冠詞の有無について**」という見出しで、第19講でさらに詳しく解説してありますから、今すべてを知りたい人はそのページまで飛んで、読んで理解してしまう手もあります）

さあ、準備が整いました。

 語彙のヒント

- （一般に）紙辞書　　　　　paper dictionaries
- （一般に）電子辞書　　　　electronic dictionaries / e-dictionaries
　　　　　　　　　　　　　　　　　（electronic「電子の」）
- よい　　　　　　　　　　good / useful / effective
- 比較級を強めることば　　much / a lot / far / a great deal など
- ～と比べて　　　　　　　than ～（前に比較級があるときに使える語）

➡electronic「電子の」とelectric「電気の」を混同しないように。

問1

『英語を学習する際には、一般的に紙辞書の方が電子辞書よりも良い』を英訳しなさい。前ページの語彙のヒントを参考にしてください。

....

....

問1 解答例①

Paper dictionaries are (much) better than electronic dictionaries when you are learning English.

→muchは比較級betterの意味を強める働きをしています。

→「一般的に」：dictionariesがtheのない複数形ですから、「一般論」を表しています。なので、generallyやnormallyやusuallyや in generalやon the wholeなどの表現を加える必要は特にはありません。

問1 解答例②

When you are studying English, paper dictionaries are (much) more useful [more effective] than e-dictionaries.

→whenの後ろが現在進行形になっているのは、「机に向かって勉強しているとき」の意味です。

問1 解答例③

I prefer paper dictionaries to electronic ones when I am learning English.

→electronic ones = electronic dictionariesです。

Lesson 4
書き出しの文は何を書くべきか Part 3

—＊＊＊＊＊—

この講では、次の2つの形式を検討していきます。

> ① 設問が英語で書かれていて
> ② 君に賛成か反対かを書かせる

この形式も入試ではよく出ます。

Q 3 以下に掲げる 設問 の答えを英語で書くとしたら、どういう文からあなたは書き始めますか。その文を書きなさい。

設問

　　Do you agree with the view that smoking in public places should be totally banned? Write your opinion in 60-80 words of English.

この形式では設問が英語で書かれています。設問の意味は「公共の場所での喫煙は全面禁止すべきか？」ということです。
さて、最初に書くのは自分の主張でしたね。ここでは「全面禁止に賛成」ということにしましょう。でも、すでに主張に対応する英文が設問に書かれています。これはどう扱ったらいいでしょうか？

　× I agree.

設問文に英語が書いてあるから、自分が書くのは最小限でいいだろうとI agree.だけ書いてあとは省略してしまうのはよくありません。ぶっきらぼうで、何に賛成しているのか一読してわかりませんからダメです。

　△ I agree with **that view [this view]**.

that viewのthatは、設問の英文を指している代名詞ですが、設問の英文は君の答案とは別に存在しているので、それをthat viewで指そうとするのはだめです。「君の答案の1行目がすべての始まりである」という姿勢で書くのが原則です。

　◎ I agree (with the view) that smoking in public places should be totally banned.

28

下線部分を設問からそのまま取ってきましたが、とりあえずはこれでいいです。「とりあえず」と言ったのは、できれば少しでも設問の英語とはちがう表現にした方が望ましいからです。それには以下のような方法があります。

★『まるごとコピペ禁止のルール』と手直しの方法

英語で書かれた設問文からそのまま表現をコピペでも入試では減点されないとは思いますが、そうは言っても「まるごとコピー＆ペイスト」するのはできるだけ避けるべきです。

設問文の英語をどう変えるか、例を3つ挙げます。that以下の部分だけ掲げます（下線部が表現を変えた箇所です）：

例1 that smoking in public places should be **strictly prohibited**

➡変更箇所は
totally（全面的に）→ strictly（厳格に）
be banned（禁止されて）→ be prohibited（禁止されて）

例2 that smoking in public places should **not be allowed**

➡変更箇所は
「禁止される＝許可されない」の関係なのでbe banned → not be allowed

例3 that **you should not be allowed to smoke** in public places

➡変更箇所は
「喫煙は禁止されるべきだ」＝「人々は喫煙を許されるべきでない」なので、主語を
smoking → you
be banned → not be allowed to smoke

1つだけ忠告ですが、この『まるごとコピペ禁止ルール』を忠実に守ろうとして、文を一生懸命に変形した結果、文の意味が変わってしまっては元も子もありません：

× smoking **in public** should be completely prohibited

➡in publicは「知らない人たちの前で」の意味。「公共の施設で」の意味とはちがいます。

× smoking should **not** be allowed in **all** places

➡ この文は「喫煙はあらゆる場所でしてよいわけではない」＝「喫煙は一部の場所に限られるべきだ」という意味です。not＋allで「部分否定」の文になってしまっています。

Lesson 4

A 3 書き出し文の解答例

① I agree (with the view) that smoking in public places should be prohibited altogether.

② I support the idea that smoking in public places should not be allowed.

③ Smoking in public places should not be permitted at all.

④ You should not be permitted to smoke in public places.

3、4番目の解答は先頭のI agree (with the view) thatやI support the idea thatの部分がありませんが、慣れてきたら、その書き出し最初の部分を省略しても全然かまいません。

こぴぺ〜?

Lesson 5
書き出しの文は何を書くべきか：Practice

—*****—

書き出しの第1文についてここまで学んだことを、この第5講では実際の問題を解き
ながら復習します。

Q 4 日本では現在、普通自動車運転免許取得の最少年齢は18歳になっ
ているが、その年齢制限を20歳まで引き上げる案に賛成する意
見を書きたい。書き出しの最初の一文だけを下の語彙のヒントと
作文のヒントとを参考にして書きなさい。

 語彙のヒント （すべて使う必要はありません）

● 18歳の人たち　　18-year-olds / people at the age of 18 / people
　　　　　　　　　aged 18 / people aged eighteen
　　　　　　　　　➡新聞などで時々（×）people of 18 という書き方を目に
　　　　　　　　　するが、みっともない書き方なので避ける
● 20歳の人たち　　20-year-olds / people at the age of 20 / people
　　　　　　　　　aged 20
● 運転免許　　　　a driver's license（ただし英国ではa driving licenceと言う）
● 免許を取る　　　get［obtain］a driver's license
● ～を…に引き上げる　raise ～ to … / change ～ to …
● 18から20まで　　from 18 to 20またはfrom eighteen to twenty
● 20歳になる　　　turn 20またはturn twenty
　　　　　　　　　（×）become［get］20とはふつう言わない
● 法定運転免許年齢　the legal driving age
● 案・提案　　　　the suggestion / the proposal / the plan / the idea

《数字の書き方について（伝統的考え方）》

20年くらい前までは、英文中で数字を使うか（たとえば30）、英文字を使うか（たと
えばthirty）についてはネイティヴスピーカーの間では、大ざっぱな暗黙の了解があ
りました。およそ以下のとおりです：

31

①一桁の数1, 2, 3 〜 18, 19, 20までは英文字で書く：

one, two, three…eighteen, nineteen, twenty

②切りのいい数は英文字で書く
thirty, forty, fifty…one hundred, two hundred…one thousand, two thousand, three thousand…one million, two million…

しかし、現在では英文字の代わりに数字を用いることが以前よりも多くなっているように見受けられ、以前の共通認識は崩れつつありますので、**あまり気にしすぎる必要はない**とも言えます。

③統計などで数字自体を比べるときには（つまり数値自体が問題になっているときには）、上の原則にもかかわらず数字で書く

④文頭での数字は避ける。

⑤英語では数字は3桁ずつカンマで区切る。

例えば、日本語では「12500」と書いたりしますが、英語では必ず12,500と書きます。西暦の年号だけは例外で、カンマで区切りません。例えば、2021年はthe year 2021です。2,021ではありません。

 作文のヒント

I agree with the idea that 〜のthe ideaをthe suggestion / the proposalに変えて、 **Q 4** の答えを書いてみよう。

問1
「日本の運転免許が18歳から20歳に引き上げられるべきだという案に私は賛成します」を英訳してください。

....

....

問1 解答例①

    I agree with the suggestion **that the legal driving age in Japan (should) be changed to 20.**

→be raised to twenty でもよい。raise（レイズ）は「引き上げる」

英文が長くなって、文の構造も複雑になってきました。書き出しは、I agree with the suggestion that ...にして、「日本の免許年齢が20歳へと<u>変更される</u>べきだ」をthat節の中に組み込めばいいのです。

「変更される・変えられる・引き上げられる」は受け身です。「警察庁が免許年齢を**変更する**（能動態）」→「免許年齢が 警察庁によって**変更される**（受け身）」ですから、免許年齢（legal driving age）を主語にするなら、受け身を使わなければなりませんね。

高校の英語の授業で、

「要求・命令・提案などを表す動詞の後ろのthat節の中では、（1）shouldが入るか、または（2）動詞が原形になる。これは仮定法現在と呼ばれる。要求・命令・提案などを表す動詞が名詞に変化した場合も、その直後のthat節の中では同様のことが起こる」

ということを習いましたか？
要求・命令・提案は「〜するべきだ・〜しなさい」という意味を持ちますから、もともと英文中には、shouldまたは命令文のニュアンスが必要ですね。
簡単な例文を見てみましょう。

例文「ポールは休んだ方がいいわね」とナンシーは提案（・助言）した。
Nancy suggested that Paul should take **a rest.**
= **Nancy suggested that Paul** take **a rest.**
= **Nancy made** the suggestion **that Paul（should）take a rest.**

→このtakeは現在形ではなくて原形です。

Q 4 に戻り、別の解答例を見てみます。

Q 4 解答例②

・I agree with the proposal that in Japan you (should) only <u>be</u> <u>allowed to drive</u> after you turn 20.

・I agree with the proposal that young people should be allowed to get a drver's license only after they have turned [are] twenty.

・I agree with the proposal that young people should be allowed to start driving once [after] you turn [are] twenty.

➡only afterの代わりにonly whenを使うと、「20歳になった時だけ」という意味になるので不適切。

➡下線部はallowedの代わりにpermittedでもOKです。またbe given a driver's license（運転免許証を与えられる）と言い換えてもいいです。

➡onceは「いったん～すると」という意味の接続詞です。

⚠ POINT 1
onlyの意味と位置について

onlyの意味と位置ですが、onlyは意味的にはafter you turn 20（人が20歳になった以後に）にかかり、「～して初めて・～になって初めて」という意味です。only after ～ ＝「～したときになって初めて」と熟語で覚えている人もいると思いますが、onlyは文の先頭の方（左の方）に移動する性質がありますから、「～のときになって初めて…する」という英文を書く場合には、onlyをこの位置まで上げる書き方があります。逆に読解の場合にはonly be allowedになっているからといって「許されるだけだ（×）」と誤解しないように。もちろん、you (should) be allowed to drive **only after** you turn 20と書いてもOKです。

⚠ POINT 2
「前置詞＋名詞」の意味と位置について

in Japanの位置について考えてみましょう。解答例①と②でin Japanの位置がちがっているのに気付いた人もいるでしょう：

① that <u>the legal driving age</u> **in Japan** be changed to 20

② that **in Japan** <u>you only be allowed to drive after you turn 20</u>

①のin Japan（日本での）は、直前の名詞the legal driving ageにかかっています。「日本における・日本での<u>法定免許年齢</u>」、という意味です。名詞に意味をかけていますから形容詞の働きです。

②のin Japan（日本では）は、直後の文にかかっています。「<u>日本においては・日本では</u>、20歳になって初めて運転できる」という意味です。文に意味をかけていますから副詞の働きです。もし①のin Japanが文尾に来ていたら、

the legal driving age be changed to 20 **in Japan**

このin Japanは「日本では」の意味になり、文にかかる副詞の働きになります。上の②と同じです。

このように<u>前置詞＋名詞は位置によって何を修飾するか、その働きが変わります</u>から注意しましょう。

もう一点、in Japanの代わりにof Japanと書いてしまった人がいるかもしれませんね。of Japanは大ざっぱに「日本が持っている・日本に所属している」という意味ですから、この問題では不適切です。

もう1つ、**Q 4** の解答例を出します。the planを使った解答です。

Q 4 解答例③

◎ **I agree with** the plan to change **the legal driving age in Japan from 18 to 20.**

× **I agree with** the plan *that they change* **the legal driving age in Japan from 18 to 20.**

<u>名詞のplanの後ろにはthat節を続けることはできません。planの後ろに続けられるのはto不定詞、またはfor＋名詞です</u>。名詞の後ろにどういう語句を接続できるのかは、個々の名詞によって決まっているのです。やっかいですね。でも代表的な名詞だけ、その接続を覚えればいいので、実はそれほどやっかいではありません。この本の巻末に、主要な名詞の直後の接続について次ページに一覧表を載せておきましたから、不明な語が出てきたら参照してください。

さらに、書き出しのI agree with the proposal thatの部分を省略した解答例も1つ掲げます。

Lesson 5

Q 4 解答例④

    Teenagers should not be allowed to get a driver's license until they are [turn] 20.

➡ 「20歳になるまでは免許を許されるべきでない」＝「20歳で初めて免許取得できる」ということです。

★『抽象名詞と同格の意味を表す接続』一覧表 ★

①直後にthat＋文を接続させる
assumption / belief / certainty / chance（可能性）/ decision / doubt / evidence / fact / fear / hope / idea / information / impression / message / news / plan / possibility / promise / proposal / realization / reason / rumor / suggestion / theory / thoughtなど

②直後にto 動詞原形を接続させる
ability / attempt / chance（好機）/ decision / desire / evidence / message / intention / opportunity / plan / promise / proposal / refusal / tendency / way / wishなど

③直後にof ～ingを接続させる
art（技術）/ evidence / experience / habit / idea / impression / intention / method / possibility / wayなど

Lesson 6
主張の次には何を書くか？

—*****—

第5講までで、第1文の書き方(=まず最初に「主張」を書く)は理解できたと思います。この講では、第2文、つまり「主張」の次にはどんな文を書くかを学びます。

Q 5 日本では現在、普通自動車運転免許取得の最少年齢は18歳になっているが、その年齢制限を20歳まで引き上げる案に賛成する意見を書きたい。全体で2センテンスの英語で書きなさい。

設問の指示が「全体で2つの文で書け」ということですから、その2つの文の構成は、「主張」+αになりますね。このαの文のところに来るのが**「根拠・理由」**です。主張だけ言い放って根拠を示さないということはまず考えられません。**英語では、「主張＋根拠」はセットになっている**と考えた方がいいでしょう。

英語圏では、「人はそれぞれ異なる環境で育ち、独自の考え方を持ち、それぞれの人はちがう意見を持っているのが当たり前である」というのが暗黙の前提になっています。日本では逆に、「あえて言葉にしなくてもみな気持は同じだよ」とか「あえて言葉にしなくても相手はわかってくれるよ」、だから「わざわざ言うまでもないよ」、「そこまで言わなくてもいいんだよ」という考え方が主流ですから、だいぶちがいます。もし相手が君とちがう考えを持っているのだとすれば、君の正しさをわかってもらうためには、相手を説得しなければなりません。そのためには「しっかりとした根拠・論拠・理由」が必要になります。

自由英作文（意見記述）の答案の出来不出来は、意見の異なる相手に対して、自分の主張をいかにうまく論理的に理由づけて説得できるかにかかっています。誰もが納得するような説得力抜群の「根拠」を見つけられれば、あとは楽です。そのためにはいつも、自分の抱く意見について「どういう根拠なのか？」と自問をする習慣を身につける必要があります。

まず「主張」から書き始めますが、これは第5講で既にやりました。そっくりここに持ってきましょう。

> I agree with the proposal that the legal driving age in Japan be changed from 18 to 20.

そして次には「根拠」を書くのでした。

★根拠の書き方
根拠は **"This is because ＋文"** の形式で書きます。

この問題では「なぜ免許取得年齢を18歳から20歳にしなければならないか」、その根拠・理由を自分の頭で考えます。

18歳はダメで20歳ならばいい理由というのは、

①精神の成熟度がちがう
②経済力がちがう
③時間的ゆとりがちがう

でしょうか。この3点について少し考えてみましょう。

①精神の成熟度というのは、つまり「大人か子供か」ということですが、車の運転では精神が未熟だと、道路交通法を軽視したり、すぐに興奮して冷静な運転ができなくなったり、事故を起こした時に責任から逃げようとする、などの行為を取る恐れがあります。
　　ひと言で言うと：ティーンエイジャー（18 ～ 19歳）は運転に対して無責任だ。

②経済力というのは、まず免許を取るためには、自動車教習所に入学して30 ～ 40万円のお金を学費として払わなければなりません。そして免許を取ると、ふつうは車を所有しますから、車の所有には購入費用や維持費、税金、自動車保険などのお金がかかります。経済的に親に依存している18 ～ 19歳がそれらのお金を自分で払えるかどうかということです。
　　ひと言で言うと：18 ～ 19歳は自分の車を運転（維持）するだけの経済力がない。

③時間的ゆとりと言うのは、免許を取るのにふつうは最短で4 ～ 5週間はかかります。泊まり込み合宿免許でも2 ～ 3週間はかかります。その時間を18歳の高校三年生が捻出できるかということです。20歳だとふつうは大学生ですから、時間はたくさんあります。
　　ひと言で言うと：18 ～ 19歳は車の免許を取る時間のゆとりがない。

さて、これらを頭の中で理解した上で、自分の英語力で表現できるレベルで1文だけ英語を書いてみてください。下の語彙のヒントを参考にしてください。

語彙のヒント （すべて使う必要はありません）

- 18～19歳の人　　18 and 19-year-olds / people aged 18 and 19 / people under twenty
- 10代の人　　teenagers（厳密には語尾に-teenが付く13～19歳までの若者を意味する。elevenとtwelveは語尾に-teenが付かないので、厳密にはティーネイジャーとは呼ばれない）
- 10代の　　teenage
- ～を真面目に受け止める　take ～ seriously
- 未熟な　　immature / not mature
- 無責任な　　irresponsible / not responsible
- 経済的に　　financially / economically
- ～に依存している　be dependent on ～
- 免許を取得する　　obtain［get］a driver's license
- 自動車教習所　　a driving school

Q 5 第2文の解答例①
18～19歳は運転に対して無責任だ。

・This is because many teenage drivers don't take driving seriously.

・This is because many 18 and 19-year-olds are still immature and irresponsible.

➡manyを付けることによって、「18～19歳の若者全員がそういうわけではないが」の意味を付け加えることができます。

Q 5 第2文の解答例②
18～19歳は自分の車を運転するだけの経済力がない。

・This is because many teenagers are still financially dependent on their parents.

➡dependent on **their** parentsのところ、theirがないと自分の親ではなくて

他人の親に依存しているような意味になりますから注意。

・**This is because many of those (aged) 18 and 19 can't afford to buy and maintain their own cars.**

➡can't afford to + 動詞原形 は「〜するお金の余裕がない」。

Q 5 第2文の解答例③

18 〜 19歳は車の免許を取る時間のゆとりがない。

・**This is because many teenagers don't have enough time to go to driving school to obtain a license.**

・**This is because many of those (aged) 18 and 19 are too busy studying in school to go to driving school.**

➡「学校に通う」はgo to schoolで、schoolには冠詞を付けません。go to high schoolやgo to driving schoolやgo to college [university] の場合も同様です。

➡be busy 〜 ing「〜するのに忙しい」とtoo busy to + 動詞原形「忙し過ぎて、〜することができない」は、ともに中学で習った熟語。

解答例①〜③について、さらに注意事項です。

➡ × It's because 〜 ではなく、This is because 〜 と言います。That's because 〜 でもOKです。

> ときどき、This is becauseをThis is why とまちがう人がいます。

This is why 〜は「結果」を述べる表現ですから、why以下には根拠・理由ではなくて「結果」が来ます：

This is why Jill is absent today.（だからジルは今日休みなんだ）

ジルの欠席は、Thisが指している事態から派生した「結果」です。

以上を「主張」（＝第1文）とつなげると、以下のような解答が出来上がります。

A 5 解答例

(1) I agree (with the proposal) that the legal driving age in Japan should be changed to twenty. This is because many teenage drivers don't take driving seriously.

(2) I agree (with the view) that you should only be allowed to drive when you turn 20. This is because many of those under twenty are still immature and irresponsible.

(3) I agree with the plan to change the legal driving age in Japan from 18 to 20 because teenagers are still kids, and kids shouldn't drive.

3番目の解答例を見てください。"This is because＋文"の代わりに、because だけを使って第1文とくっつけて1つの文にしてありますね。このように"第1文＋ [**because**＋第2文] ."で1つの文にまとめてしまうことも可能です。
しかし、次の書き方はまちがいです。

　　×I agree …from 18 to 20. **Because** teenagers are still kids.

Lesson 7

根拠を2つ書くにはどうしたらいいか？

—＊＊＊＊＊—

主張を書き終わって、その根拠・理由を考えていたら、2つ考えつきました、という
場合にはどうしたらいいのでしょうか？　実際の問題で考えていきましょう。

Q 6 あなたは今「公共の場所での全面禁煙に賛成する」という意見を
英語で書こうとしています。最初の「主張」部分と、次に来る「根
拠」部分を英語で書きなさい。ただし「根拠」は2つあげなさい。

この問題の「主張」部分についてはすでに第4講でやりましたから、その答案をこ
こにそのまま持ってきます：

I agree with the idea that smoking should be totally prohibited in
public places.

この主張の根拠を2つ考えださなければなりません。以下の2つの問いに答えながら
考えてみましょう。

問 1

公共の場所での全面禁煙に賛成する根拠を自分でじっくり考えて、以下の空欄に
日本語で2つ書いてください。

1.
2.

私（あぶないひろし）が考えた根拠は次の通り：

①タバコの煙は本人だけでなく周りの人の健康にも害を与える。
②軽率に火のついたタバコは投げ捨てると火災の原因になる恐れが
　ある。
③タバコの吸い殻を地面や道路に投げ捨てると公共の場所を汚す。
④火のついたタバコを大人が手に持っていると、ちょうど幼児の顔
　の高さになるので、幼児が顔や目をやけどする恐れがある。
⑤公共の場所でタバコを吸えなくなれば禁煙する人が増える。それ
　は本人だけでなく社会にとっても望ましい。

たぶん君が日本語で書いた答えも上の5つのどれかと重なっているのではないかと思います。
ここでは上の①と②の2つを使うことにします。

以下の語彙のヒントを参考にしながら上の①と②を英語にしなさい。

①

......

②

......

語彙のヒント

- タバコの煙　　　　cigarette smoke（cigaretteの綴りをまちがえる人多し。米国ではcigaretと綴る人もいて、それは認められている）
- 周りの人　　　　　people around him
- ～に害を与える　　be harmful to ～ / be dangerous to ～ / damage ～ / do harm [damage] to ～（←このharm, damageは名詞）
- 健康　　　　　　　your health
- 軽率に（＝不注意に）carelessly
- 火のついたタバコ　a cigarette butt
　　　　　　　　　　a lit cigarette（light「火をつける」の過去分詞はふつうlit）
- 地面・道路に吸い殻を投げ捨てる　throw their cigarette butts on the ground / on the road
- 軽率に吸い殻を投げ捨てる　carelessly throw their cigarette butts away
- 火災・火事　　　　a fire / fires（「火」は不可算ですが「火災・火事」は数えます）
- ～の原因になる　　cause
- 恐れがある　　　　may
- 火がつく　　　　　catch fire

※people around him（＝the smoker）「周りの人」のような表現は言えそうで言えない表現ですね。こういう表現こそしっかり暗記すべきです。

問1 解答例（公共の場での全面禁煙に賛成する根拠2つ）
①タバコの煙は本人だけでなく周りの人の健康にも害を与える

・smoking is dangerous not only to your health but also to the people around you
・smoking is harmful not only to the smoker but also to the people around him

➡ 中学で学習した熟語not only ... but also ～（…だけでなく～も）を活用します。「本人」というのは喫煙をしている人のことです。これはyouを使ってもいいしthe smokerと言ってもかまいません。the smokerの場合、その代名詞は（男性か女性か不明ですが）he / himを使ってかまいません。またはあえて（男女差別を避ける観点から）they / themを使う人も多くなってきました。「健康」という語は英語に訳さなくても十分に文の意味が通じます。

②軽率に火のついたタバコを投げ捨てると火災の原因になる恐れがある
・a lit cigarette may cause a fire if it is carelessly thrown away
・if you carelessly throw your cigarette butts away, it may cause a fire

➡ 「火のついたタバコ」a lit cigaretteのlitは動詞light「着火させる・火をつける」の過去分詞で、「火をつけられた」＝「火がついている」という意味です。昔はlightedが良く使われましたが、今はlitのほうがよく使われます。
例文 The cigarette was lit.（そのタバコには火がついていた）。

さて2つの根拠・理由が整いました。これをどうやって君の答案に組み込むかが次の課題です。それには次の4つの方法があります。

★ 2つの根拠を文中で列挙する5つの一般的方法 ★

(1) **I have a couple of reasons for that. <u>One</u> is that ～ . <u>The other</u> is that ～ .** の形式を使う。

(2) **I have a couple of reasons for that. <u>First [Firstly]</u>, ～ . <u>Second [Secondly]</u>, ～ .** の形式を使う。

(3) **Smoking should be totally prohibited in public places. This is <u>partly because</u> ～ , and also <u>because</u> ～ .** の形式を使う。

(4) **Smoking should be totally prohibited in public places. This is because ～ . <u>Also,</u> ～ .** の形式を使う。

(5) **Smoking should be totally prohibited in public places. This is <u>partly</u> <u>because</u> ～ but <u>mainly because</u> ～** の形式を使う。

(1) は、全体で2つのものがあるときに、それぞれについて説明する場合に使う表現です。片方をoneで表し、もう片方をthe otherで表します。

(2) は、いわゆる「箇条書き」の表現です。第1に、第2に、第3に、第4に、と列挙していくときに使います。

(3)は、This is because ～にpartly「部分的に」とalso「さらに」を挟み込んだ形です。partly becauseは「その理由の一つには」という意味になります。

(4) は、1つ目の理由は今まで通りThis is because ～ .で書いて、2つ目の理由はAlso, から書き始めます。この書き方がいちばん簡単で、まちがいが少ないでしょう。

(5) は、2つ目の理由の方が重要度が高いときに使います。

❗ POINT

(1)と(2)を見てください。I have a couple of reasons for that.（それにはいくつか理由があります）と初めに書かれていますね。なぜはじめにこれを書くかというと、君が突然、箇条書きなどを始めると、君が何について列挙しているのか、読者の側ではわからないからです。<u>I have a couple of reasons for that.</u>と書くことによって、「この主張についての根拠・理由をこれから列挙しますね」という君の側の合図が伝わります。

自分の「好み」ではなくて、自分の「意見」の根拠の場合には、I have a couple of reasons <u>to support my idea.</u>と かI have a couple of reasons <u>why I think so.</u>と書いてもいいです。

★「私の意見の正しさを裏付ける根拠が2, 3あります」★

(1) **I have a couple of reasons for that.**

(2) **I have a couple of reasons to support my idea.**

(3) **I have a couple of reasons why I think so.**

(4) 第1文（主張文）の末尾に**for a couple of reasons.**を付け足す。

Lesson 7

例文 Smoking should be totally banned in public places **for a couple of reasons.**

➡a couple of「2 〜 3の」という表現を使う理由は、君が3つ目の根拠を書きたくなったとき、a couple ofと書いてあればtwo reasons → three reasonsに直さなくてもいいからです。a couple of reasonsの代わりにseveral reasonsやthe following reasonsも使えます。

さあこれで **Q 6** の答えを書く準備がすべて整いました。以下の空欄に解答を書いてください。

....

....

....

....

A 6 解答例

(1) I agree that smoking should be totally prohibited in public places. This is because smoking is harmful not only to the smoker but also to the people around him. Also, a lit cigarette may cause a fire if it is carelessly thrown away.

(2) I am for the proposal that smoking be totally banned in public places. I have a couple of reasons for that. One is that smoking does harm not only to the smoker but also to the people around him. The other is that a lit cigarette may cause a fire if it is carelessly thrown away.

Lesson 8

「主張 根拠」の練習問題

—*****—

この講では、ここまでの講で解説した「主張＋根拠」を書く練習をします。

Q 7 高校生がバイトをしてもよいかどうかについてはいろいろな意見がありますが、「高校生がバイトをすることには賛成である」という意見を英語で書きなさい。主張だけでなく根拠も必ず１つ盛り込むこと。

★「主張」を書く

まずは「主張」を英語で書きます。以下の語彙のヒントを参考にして、第1文を書いてください。

....

....

📝 語彙のヒント

- バイトする　　　**work part-time**（「バイトする」の英語表現はこれ一択）
- （一般の）高校生　**high school students**（一般論なので**the**のない複数形）

こんな文を書いた人はいませんか？

　×I agree with the opinion that high school students work part-time.

どこが変なのかわかりますか？

the opinion（=idea / view）は「意見・主張」ですがthat以下で書かれていることは「意見」ではなくて「事実」です。意見は「AはBであるべきだ」「AはBする必要がある」のような形になりますが、that以下は「高校生がバイトをしている」という単なる事実が述べられています。「私は、夜が明けると朝になるという意見を持っている」という文はおかしいでしょう？「夜が明けると朝になる」のは事実であって意見ではないからです。

そこで、こう書き直してみました。この文は合っているでしょうか？

47

× I agree with the opinion that high school students should work part-time.

この文は「高校生はバイトをするべきであって、バイトしない高校生は、良くない・まちがっている」という意味になってしまっています。問題7の趣旨は、正確に言えば「バイトをしたい高校生がバイトをしても、それは認められるべきだ」ですから、以下のように言わなければなりません。

◎ I agree (with the opinion) that high school students **should be allowed to** work part-time **if they want to** (work part-time).

ここまで意外にむずかしかったかもしれません。

★「根拠」を書く

次は「根拠」を書きます。下の空欄に日本語で根拠を1つ、自分で考えて書いてください。

....

私（あぶないひろし）が考えた根拠は次の通り：

> 高校生がバイトをすれば、
> 　　①自分の力でお金を稼ぎ、自分の欲しいものを買える
> 　　②学校では学べない多くのことを学べる
> 　　③いろいろな人と知り合えて、社会の一員だと実感できる

問1

上の①②③をそれぞれ英語に直しなさい。下の語彙のヒントを参考にしてください。書き出しはすでに与えられています。(They＝high school studentsです)。

① 　They will ....
② 　They will ....
③ 　They will ....

 語彙のヒント

● 自分の力で　　　　　for themselves / on their own

48

- 金を稼ぐ　　　　　　make money / earn money
- 自分の欲しいもの　　things they want
- いろいろな人　　　　many different people / various kinds of people
- ～と知り合う　　　　get acquainted with ～ / get to know ～ / make friends with ～
- 実感できる　　　　　realize / feel
- 社会の一員　　　　　active members of society（societyはふつう無冠詞）
- ～に貢献する　　　　contribute to ～
- 心が満たされるような　satisfying

➡ 「社会の一員」にactiveが付いている理由は、もしactiveがないと、赤ちゃんや幼児もa member of societyに含まれてしまうからです。active **participants in their** society という言い方もあります。

問1 の解答例

① they will make money on their own [for themselves] and they will be able to buy things they want

② they will learn many things that they can't learn in high school または they will learn many things other than what they study in high school.

③ they will get acquainted with various kinds of people and realize [feel] what it means to be active members of society

④ they will get acquainted with various kinds of people and realize how satisfying it is to contribute to society

🔔 POINT

①～④まで全部willが入っていますね。このwillは「未来」を表すというよりは「推量（～だろう）」を表します。「もしバイトすれば、」という、Ifがついた条件や仮定に対する「結果・帰結」を表す文中にはwillが入ります。次の例文を見てください：

例文 If you keep large dogs at home, you **will** feel safer.
（もし大型犬を家で複数飼っていれば、より安全だと感じる**でしょう**）

Lesson 8

they are **members** of societyのmembersに注意。主語がthey（複数）ですからa memberではなくてmembersになります。

> ★ 答案をまとめる

上で書いた「主張」と「根拠」を並べれば、それが解答になります。

A 7 解答例

(1)　I agree (with the idea) that high school students should be allowed to work part-time if they want to. If they work part-time, they will make money for themselves and they will be able to buy things they want. (39 words)

または同じ内容を短く言いたければ、

　　　High school students who have part-time jobs can buy things they want with the money they make. (17 words)

(2)　I agree (with the opinion) that high school students should be permitted to work part-time if they want to. By working part-time, they will learn many things other than what they study in high school. (35 words)

(3)　I support the view that high school students should be allowed to work part-time if they want to. If they work part-time, they will realize that they have important roles to play as members of society. (36 words)

➡If they work part-time,とかBy working part-time,とかの部分を落とさないように。これは「もしバイトすれば」「バイトをすることによって」という「条件」を表しますから、必要です。

Lesson 9

「主張＋根拠」の次には何を書くか？

—＊＊＊＊＊—

この講では「主張＋根拠」の次に書くべき内容について学習します。
第8講では、高校生がアルバイトをしてもいいかどうかの問題をやってもらいました。
その答案を使って、次に何を書くべきかを検討していきます。

初めに「主張」を書くのは君の立場を相手（読み手または聞き手）に明確に伝えるためでした。次に「根拠」を書くのは、おそらく相手は君とはちがう意見を持っていて、君の意見の妥当性を知りたいからでした。ですから主張に対する根拠を書きます。
でも、相手はまだ納得していないようです。そのときにはどうしますか？もっとよくわかってもらうために根拠を詳しく説明するか、何か具体例をあげて、納得してもらおうとするでしょう。

★ 主張＋根拠の次は「具体例・詳細説明」を書く

「具体例または詳細説明」こそが、次に書くべき内容です。英語ではそれをどう表現すればいいのでしょうか？
次の文章を見てください：

    I agree that high school students should be allowed to work part-time if they want to. If they work part-time, they will make money for themselves and can buy things they want. **For example, they will be able to buy fancy clothes and the latest video games.**
（例えば、高級服や最新のゲームを買えるようになります）

太字部分は1つ前の文「自分の欲しいものが買える」に対する具体例になっていますね。これが典型的な「具体例・詳細説明」です。"For example, ＋文."の形式を使います。
（For exampleの代わりにFor instanceでもかまいません）。

次の文章も検討してみます。

    I agree that high school students should be allowed to work part-time if they want to. If they work part-time, they will make money for themselves and they will be able to buy things they want. **They will be able to purchase almost anything without asking their parents.**

（親に頼ることなくほとんどの物が買えるようになります）

これも典型的な「具体例・詳細説明」です。1つ前の文（they）will be able to buy things they wantを言い換えて、詳しく説明をしています。「言い換え」のことを英語ではparaphrasing（パラフレイズィング）と呼びます。

では、「具体例・詳細説明」を自分で書いてみて、このワザを習得しましょう。

問1

以下の文章の末尾に、文脈に合うようにFor exampleから始まる1センテンスを書き加えてください。

> I agree that high school students should be permitted to work part-time if they want to. By working part-time, they will learn many things that they can't learn in high school. **For example,**＿＿＿＿＿.

 作文のヒント

「学校では学べないもの・こと」の具体例を考えればいいです。考えついたものを日本語で1つ、下に書き出してみよう。

私（あぶないひろし）が考えた具体例は以下の通り：

①自分でお金を稼ぐのは大変だということ
②いろいろな人とどのようにうまく付き合っていくかということ
③自分がやると約束したことは必ず守るということ
④人々と協力し合うことが社会では大切だということ

　をバイトの高校生は学ぶ。

問2

上の①〜④の各文を語彙のヒントを参考にしながら英語にしなさい。

① ....
② ....
③ ....
④ ....

✎ 語彙のヒント

● どのように〜するか　how to動詞原形
● 〜とうまく付き合う　get along well with 〜
● 〜すると約束する　promise to 動詞原形
● 〜と協力する　cooperate with 〜

問2 の解答例

① it is difficult to earn money for themselves / it is hard to make money on their own

またはhow difficult it is to earn money for themselves

② how to get along well with many different people

③ they have to do things (which) they have promised to do
または、下線部を関係代名詞のwhatに置き換えて、

they have to do what they have promised to do
さらに、

they have to do what they say they will do
という言い方もできます。

④ it is important to cooperate with other people in society
または、cooperation with others is essential in the real world

❗ POINT

➡ ○how difficult it is to earn moneyを ×how it is difficult to earn moneyとまちがって書いてしまう人が跡を絶ちません。how＋形容詞がひと固まりですから、気をつけてください。

Lesson 9

→ what they say they will do「自分がやると言ったこと」は、日本語では「言った・宣言した」のように過去形になりますが、英語では一般論なので（つまり特定の場面ではなくて広く一般的な話なので）sayは現在形にします。will doのwillは主語の意志「～をやります・やるぞ」を表します。

→ the real worldは「現実のこの世界・社会」という意味です。覚えましょう。

問3

①～④のどれかをFor example, の直後に置くときに、下の下線部の位置に何か語句が必要です。その語句を3語で補充しなさい。ただし2つの下線部には同じ語句が入ります。

(1) I agree that high school students should be allowed to work part-time if they want to. By working part-time, they will learn many things that they can't learn in high school. For example,_____ how difficult it is to earn money on their own.

(2) I agree that high school students should be allowed to work part-time if they want to. By working part-time, they will learn many things other than what they study in high school. For example, _____ how to get along well with many different people.

⚠ POINT

For exampleの直後には、ちゃんとした文が来ます。For exampleの後に名詞（・名詞句・名詞節）だけを書いてピリオドを打ってはいけません：

× For example, apples, oranges and bananas.
× For instance, where to go and what to do there.

問3 の解答例
they will learn
they will realize

Lesson 10
「具体例・詳細説明」を書く

—＊＊＊＊＊—

第9講で学習したように、

> 意見論述の自由英作文は「主張」＋「根拠」＋「具体例（詳細説明）」
> の3点セットで書くのが大原則です。

この講では3点セットの3番目の「具体例（詳細説明）」を実際に書く練習をします。
以前、第5講でこんな問題を取り扱いました。

Q 8 日本の自動車運転免許の最少取得年齢を20歳に引き上げる案に
賛成する意見を英語で書きなさい。

この問題に関しては、すでに「主張」部分と「根拠」部分は第5講で書きましたから、
もう君は書けますね。その「主張」と「根拠」をまず以下の空欄に書いてください。
ただし「根拠」の内容は「多くの10代の運転手は車の運転を真面目に考えていない」
または「18 〜 19歳の若者は未熟で無責任だ」にしてください。

....

....

....

今回書くべき内容は、この「根拠」に対する「具体例・詳細説明」です。

問1

以下の下線部に入れるべき「具体例」の内容を、自分の頭で考えて、下の空欄に
日本語で3つ箇条書きにしてください。ただし、どちらの文章を選んでも下線部
には同じ文を入れられます。

根拠：「多くの10代の運転手は車の運転を真面目に考えていない」
　　　I agree with the idea that the legal driving age in Japan should

55

be raised from 18 to 20. This is because many teenage drivers don't take driving seriously. _____.

根拠：「18 ～ 19歳の若者は未熟で無責任だ」

I support the proposal that teenagers be prohibited from obtaining a driver's license in Japan. This is because many of those (aged) 18 and 19 are still immature and irresponsible._____.

1.

2.

3.

私（あぶないひろし）が考えた**具体例**は、大ざっぱにまとめると以下の通り：

①無謀運転をする（安全運転しない。スリルを求める。運転が乱暴）
②交通法規を守らない（道路交通法を軽視している）
③スピードを出し過ぎる（スピードの快感に酔う。スピード出すのがカッコいいと思う）

問2

以下の語彙のヒントを参考にしながら、日本語で書かれている上の①～③の具体例を英語にしてください。ただし主語はThey（＝18 ～ 19歳の若者の多く）にすること。

①

②

③

語彙のヒント

● 無謀運転をする　drive recklessly / drive dangerously
● 安全運転する　drive safe / drive safely
● スリルを求める　seek (thrills and) excitement / become thrill-seekers

- 法律を守る　　　　　observe the traffic laws / obey the law
- 交通法規　　　　　　the traffic laws
- ～を軽視する　　　　think little of ～ / pay little attention to ～
- スピードを出しすぎる　drive too fast
- カッコいい　　　　　cool / impressive

問2 の解答例

① （18～19歳の若者の多くは）無謀運転をする。スリルを求める。
・They drive recklessly.
・They seek thrill and excitement while they are driving.

② （18～19歳の若者の多くは）交通法規を守らない。/交通法規を軽視する。
・They don't observe the traffic laws.
・They think little of the traffic laws.

③ （18～19歳の若者の多くは）スピードを出し過ぎる。/ スピードを出し過ぎて自分や周りを危険にさらす。/ スピード出すのがカッコいいと思っている。
・They drive too fast.
・*They drive too fast for themselves and people around them to be safe.
・They think it is cool to drive very fast.

➡＊印のついた文は構文がちょっと複雑です。以下の文と同じような形になっています。themselves and people around themまでがひとまとまりです：
This coffee is too hot for me to **drink.**
（このコーヒーは熱すぎて、私には飲めない）

では最後に、これから自分で Q 8 の答案を完成させます。自分でノートにきれいに清書してみてください。そのあとで、以下に掲げる解答と比べてみましょう。自由英作文は、自分の手で実際に英語を書いてみることがすべての基本です。

Lesson 10

A 8 解答例

（1）　I agree with the idea that the legal driving age in Japan should be changed from 18 to 20. This is because many teenage drivers don't take driving seriously. For example, they tend to drive recklessly and think little of breaking the traffic laws.

（2）　I am for the proposal that teenagers be prohibited from obtaining a driver's license in Japan. This is simply because young people in general are still immature and irresponsible. <u>They drive too fast and put themselves and others in danger.</u>

➡下線部は以下の表現にしてもいいです：
・They drive so fast that they may injure themselves or other people.
・They drive so fast that they may have an accident and injure themselves or other people.

⚠ POINT

> ➡2つ目の解答にはFor example, /For instance, がありませんが、第3文（下線を引いた文）が第2文の「詳細説明」という関係になっているので、For example, なしでもかまいません。文章は自然につながります。
> ➡in generalは「一般的に言って」。

Lesson 11
「根拠」＋「具体例・詳細説明」を書く

—*****—

この講も第10講に引き続き、3点セットの3番目の「具体例・詳細説明」を書く練習をします。「根拠」も同時に書きます。

Q 9 最近では、たいていの高校生は紙辞書ではなくて電子辞書を持っていますが、英語学習では紙辞書と電子辞書のどちらがよいと思いますか。あなたは「電子辞書のほうが役に立つ」という立場に立って、自分の見解を英語で述べなさい。

第3講でこの問題の「主張」の部分はすでに学習しました。ですから君は「主張」はもう書けますね。その英語を以下の空欄にまず書いてください。

....

....

★「根拠」を書く

そして、今回はこれに続けて「根拠」と「具体例・詳細説明」を書き足します。
まず「根拠」を考えましょう。
なぜ紙辞書よりも電子辞書の方がよいのでしょうか？　考えられる理由を思いつくだけ、以下の空欄に**日本語**で書き込んでください。

....

....

....

私（あぶないひろし）が考えた根拠は以下の通り：

①電子辞書は紙辞書に比べて操作しやすい。
②電子辞書は紙辞書に比べて耐久性抜群だ。
③電子辞書は紙辞書に比べて持ち運びに便利だ。

今度はこれらを英語にします。

問1

上の①〜③までの日本語をそれぞれ、単なる語句ではなく、しっかりとした英文にしてください。語彙のヒントを参考にしてください。

①

②

③

語彙のヒント

● 操作しやすい　　be easy to use
● 耐久性抜群　　be durable / last long
● 持ち運びに便利　be easy to carry around / be handy to carry around
→aroundは「あちこちに」

問1 の解答例

① **Electronic dictionaries are easier to use than paper dictionaries.**
② **Electronic dictionaries are more durable than paper dictionaries.**
　 または
　 Electronic dictionaries last longer than paper dictionaries.

③ **Electronic dictionaries are easier to carry around than paper dictionaries.**

! POINT

→ 第3講でも触れましたが、電子辞書はe-dictionariesと書いても可です。

→ ちゃんと比較級（easier / more durableなど）を使えていましたか？ ここが重要です。2つのものを比較しているのですから、忘れず比較級を使いましょう。

→ これは辞書に関する一般的な話（一般論）なので、名詞はtheのつかない複数形（dictionaries）です。

→ 「持ち運ぶ」は「携帯する・携行する」なので動詞はcarryを使います。

→ 構文的には以下のパターンもOKです。

たとえば①では、

◎ **It is easier** to use electronic dictionaries than paper dictionaries.

③でも、

◎ **It is easier** to carry electronic dictionaries around than paper dictionaries.

これで「根拠」の部分は終わりました。次は「具体例・詳細説明」です。

★「具体例・詳細説明」を書く

下の表の空欄に、自分の頭で考えて、具体例・詳細説明を**日本語**で書き込んでください。

電子辞書の方がよいという根拠に対する具体例・詳細説明

〈根拠〉　　　　　　　　　　　　　　〈具体例〉

①操作しやすい　　[　　　　　　　　　　　　　　　　　　　　　　　]
②耐久性抜群　　　[　　　　　　　　　　　　　　　　　　　　　　　]
③持ち運びに便利 [　　　　　　　　　　　　　　　　　　　　　　　]

私（あぶないひろし）が考えた具体例・詳細説明は以下の通り：

①目指す単語が数回キーを叩くだけですぐ見つかる。片手でも操作できる。（操作性の良さ）

②少しくらい雨にぬれても防水だから大丈夫。いくら使っても擦り減らない。（耐久性の良さ）

③（たくさんの辞書が内蔵されていても）軽くて、小さくて、薄い。（持ち運びやすさ）

この①〜③を英語にします。

問2

以下の語彙のヒントを参考にして「具体例・詳細説明」を自分のことばで英語に
してください。ただし電子辞書を指すときにはthey / themを使うこと。

①

②

③

🖊 **語彙のヒント**

● 目指す単語　a target word
● キーを叩く　tap the keyboard
● 数回　　　　a few times / a couple of times
● 片手で　　　with one hand
● 操作する　　use
● 濡れる　　　get wet
● 〜を濡らす　get 〜 wet
● 防水の　　　waterproof
● 擦り切れる　get worn out（wornはwear「摩耗させる」の過去分詞）
● 軽い　　　　light（1. 光　2. 灯り・照明　3. **軽い**　4. 明るい）
● 薄い　　　　thin

問2 の解答
①　（1）目指す単語が数回キーを叩くだけですぐ見つかる。

**You can reach [find] a target word easily by tapping the keyboard
only a few times.**

（2）片手でも操作できる。

You can handle them with just one hand.

②　雨にぬれても防水だから大丈夫。

・**If you get them wet (with rain), it is not a problem because they are
waterproof.**

· If they get wet in the rain, it's OK because they are waterproof.

③　いくら使っても擦り減らない。

Even if you use them many times, they will never get worn out.

④　軽くて、小さくて、薄い。

They are much lighter, smaller and thinner than paper dictionaries.

★ Q 9 の完全答案を完成させる

ここまでやってきた「主張」と「根拠」と「具体例・詳細説明」を組み合わせれば、完全答案の出来上がりです。下の空欄に君の完全答案を書き込んでください。

A 9 解答例

(1)　Electronic dictionaries are much better than paper dictionaries when you are learning English. Electronic dictionaries are easier to use. For example, you can reach a target word by tapping the keyboard only a few times.

(2)　Electronic dictionaries are much better than paper dictionaries when you are studying English. Electronic dictionaries are more durable. For instance, if you get them wet in the rain, it is not a problem because they are waterproof.

(3)　Electronic dictionaries are far better than paper dictionaries when you are learning English. Electronic dictionaries are easier to carry around. They are much lighter, smaller and thinner than traditional paper dictionaries. They also take up less space in your school bag.

➡下線部は以下のように表現することもできます：
They are not as big [bulky] as paper dictionaries.

➡traditionalは「従来の・今までの」。現代的なe-dictionaryと対照させてtraditional という語を足してもいいです。

➡2回目に出てきたelectronic dictionariesはtheyにしても可。

Lesson 12
譲歩構文
—*****—

この講ではちょっと観点を変えて、いわゆる「譲歩構文」を活用した自由英作文の
書き方を学びます。

Q 10

「テレビは、幼児の精神発達を促進させる良い効果があると考え
がちだが、実は有害である」という趣旨の英語を書きたい。逆接
語（but や although や however や despite など）を１つ使用して、
簡潔に40 〜 50語で書きなさい。

→but / although は接続詞。however は副詞。despite は前置詞です。

★ 譲歩構文とは何か？

「譲歩構文」とは「逆接の構文」の一種で、自分の主張とは真逆の主張を敢えて提示し
て、それに一歩譲ったのちに、逆に二歩前に踏み込んで強く自説を主張する表現法。

● 「もちろん〜であることもあるが、しかし真相は…だ」
● 「世間には〜と言う人もいるが、でも実際は…だ」
● 「一般に〜だと考えがちだが、実は…が本当のことだ」
● 「〜だと言う人もいるが、本当は...だ」

という言い方です。

★よく知られている譲歩構文★

· (It is) True 〜 , but ...
· Of course 〜 , but ...
· Some people say 〜 , but...
· ... may 〜 , but ...
· 〜 to be sure, but ...

高校でも必ず習い、君がすでに知っているはずの基本的な譲歩構文は上の通りです。
知らないものがあったら今すぐ覚えてください。

★ 逆接語のbutとhoweverの使い方のちがい

but → 接続詞。２文の真ん中に入って連結して１文にします。
however → 副詞。２文を接合する能力はありません。

Yotaro **may** still be an elementary school kid, **but** he is (actually) a genius in math.
=Yotaro **may** still be an elementary school kid. **However,** he is a genius in math（**in fact**）.
「与太郎はまだ小学生だが、実は数学の天才だ。」
➡actually / in fact「ところが実際は」という語句を、後半の文中に入れることも多いです。

★ 逆接語のbutとalthough（=though）の使い方のちがい

両方とも接続詞ですが、butは文と文の中間に入ります。although（=though）は「…だけれども」の意味で「…」を表す文（＝従属節）の先頭に置かれます：

・Taro is hard-working, **but** Jiro is lazy.
・**Although** Taro is hard-working, Jiro is lazy.
・Jiro is lazy **although** Taro is hard-working.

⚠ POINT

➡下線が引かれている文が「主節」、つまり一番言いたい内容が盛られている文です。「従属節」の内容は「主節」に比べればおまけみたいなものです。butの場合は両方の文が同じ重要性を持ちます。

➡× Taro is hard-working. **But** Jiro is lazy.とは書きません。butは接続詞ですから2文の真ん中に入って、対照的な内容の2文をつないで1つの文にするのが原則です。butは文の中間ですから小文字になります：
例文
I like tea, **but** I don't like coffee.
Tom likes Shannon, **but** she doesn't like him.

→しかし、 **大文字のBから始まるBut**が使われる場合があります！
「世間の俗説vs.科学的事実」とか、「間違った見解vs.まともな意見」とか、「みんなの誤解vs.私だけが知っている真実」とか、下線を引いた部分を筆者が強調したい場合には、あえて大文字のButから始める文を書く、というのはよく行われています。自由英作文では「とっておきの主張」をバンとぶつけるときに大文字のButが使えます。

→文頭のAlthough / Thoughを嫌う英米人はかなりいます。なぜかと言うとAlthough［Though］…の…部分は、後ろに出てくる「主節」とは内容が正反対であり、主節こそが話し手（書き手）の言いたいことですから、「そんなことなら真っ先に言いたいことから言えよ」という感覚だと思います。もちろん入試では気にする必要はありませんが。

> ★ 逆接語のalthoughとdespiteの使い方のちがい

> althoughは接続詞です。一方、despiteは前置詞ですから後ろには名詞だけ来て、文は来ません。

例文 「謙の同僚たちは自分たちのプロジェクトでみな苦労していたが、謙のはうまく行っていた。」

Ken's project went smoothly **although** his colleagues struggled with theirs.

Ken's project went smoothly **despite** the struggles (which) his colleagues had with theirs.

→despiteの後ろの下線部が名詞です。despite the fact thatと書けばalthoughとほぼ使い方が同じになります：

Ken's project went smoothly **despite the fact that** his colleagues struggled with theirs.

> ★つなぎ語の まとめ★

> ①but, although, thoughは接続詞。2文をつなぐ。
> 　　（thoughには副詞用法もありますが、ここでは深入りしません）。
> ②howeverは副詞。文のどこへでも入り込む。
> ③despiteは前置詞。後ろは名詞のみ来られる。

Q 10 に戻ります。

★ まず「主張」を言う

主張は「テレビは、幼児の精神発達を促進させる良い効果があると考えがちだが、実は有害である」です。テレビを見せておけば、激しく泣いたりしないで大人しくしているとか言って、子守の代わりをさせる親もいるかもしれません。

問 1

「テレビは、幼児の精神発達を促進させる良い効果があると考えがちだが、実は有害である」を以下の語彙のヒントを参考に、英語にしなさい。

🖊 **語彙のヒント**

● テレビ（の番組）　　　 TV / television / TV programs
● テレビ（の受信機）　　 a TV (set) / a television（冠詞が必要）
● 促進する　　　　　　　 help / promote
● ~に良い影響を及ぼす　 have a good effect on ~ / affect ~ positively /
　　　　　　　　　　　　 positively affect ~
● 精神の発達　　　　　　 mental development
● ~と信じる　　　　　　 believe / assume ~
● 幼児　 small children / little children / young children / infants

➡ children＝kids です。（childrenをkidsに置き換えてもかまいません）
➡ infantsは辞書には「（特にまだ歩けない）赤ん坊・（7歳未満の）小児・幼児・児童」
　 と書いてありますから「赤ん坊~幼稚園児」くらいの0 ～ 6歳の子供のことです。

➡ 「考えがちだが」の前後で意味が逆転しているので、その箇所で前半、後半の2つ
　 に分けて英文を作っていきます。

> 前半部分：「TV（視聴）は、幼児の精神発達を促進させるとても良い
> 効果があると考えがちだ」

この日本語は複雑です。主語と述語の関係をまず整理します。
① 「TV視聴」が→　（幼児の精神発達を）「**促進させる**」
② 「良い効果」が→「**ある**」。または、
　 「TV視聴」が→　（良い効果を）「**持つ・示す**」
③ **人々が**→　　　　　~と「**考えがちだ**」

68

- 奪う　　　　　　　rob/deprive 人 of 物
- ～に影響を与える　influence / have an effect on ～
- 受け身の・不活発な　passive / inactive（activeの反意語）
- 楽で楽しい　　　　easy and fun
- ～し続ける　　　　keep on ～ ing / continue ～ ing
- 長すぎる時間　　　for too long
- 目を傷める　　　　hurt［injure］their eyes
- 画面　　　　　　　a (the) screen

→violenceは「暴力」を表す語。抽象名詞に分類されます。抽象名詞は、一般的な意味で使うときには、冠詞をつけずにそのままの形で使います。「一般的な意味」とは「個別・特殊」な場合ではなくて「本来の基本的な概念」という意味です。：economy / peace / happiness / freedom / democracyなどなど。一般的にお金に関わる活動のことを「経済」と呼び、英語ではeconomyですが、「**日本の**経済」ということであれば**the** economy of Japanになり定冠詞が必要です。

問3 の解答例
①暴力の場面がテレビ番組には多く、幼児の心に悪影響を与える。

　　There are lots of violent scenes in TV programs, and watching violence is very bad for little kids' minds.

②テレビを見ていると、考える力が奪われ、テレビで観たものに影響されやすくなる。

　　TV deprives little children of the opportunity to think.　They become easily influenced by what they have seen on TV.
→「考える力」は「考える機会」と読み替えます。

③テレビをずっと見過ぎると不活発な子になる。テレビは楽で楽しいので見続けてしまう。

　　By watching TV for too long, kids become inactive [passive]. Watching TV is easy and fun, so they just keep on watching it.

④テレビをずっと見過ぎると目を傷める。テレビの画面から出る青い光線が目に悪影響を与える。

　　By watching TV for a long time, children hurt [damage] their eyes. The blue light coming from the screen has a bad effect on their eyes.
→下線部はruin [damage] their eyesightとも言えます。

★ 完成答案を作る

制限語数が、この問題では40〜50語なので、具体例・詳細説明を長々と書く余地がありません。「主張」と「根拠」をつなげれば、それでほぼ完成答案です。以下に、自分で1つ実際に書いてみましょう。自分で英文を書くことが大切です。

....

....

....

....

....

....

....

A 10 解答例

解答例①　暴力の場面がテレビ番組には多く、幼児の心に悪影響を与える。

....

　　Some people say that TV has great effects on small children's mental development, but in fact, it is harmful to children. There are lots of violent scenes in TV programs, and watching violence is very bad for little kids' minds. (40 words)

解答例②　テレビを見ていると、考える力が奪われ、テレビで観たものに影響されやすくなる。

　　　　People widely believe that TV is a very good educational tool for small children, but in fact, it has negative effects on children. TV deprives little children of the ability to think. They become easily influenced by what they have seen on TV. (43 words)

解答例③　テレビを見ていると不活発な子になる。テレビは楽で楽しいので見続けてしまう。

　　　　Many people may assume that TV helps promote small children's mental development. However, it is actually very bad for children. By watching TV too much, kids become inactive [passive] . Watching TV is easy and fun, so they just keep on watching it. (42 words)

➡下線部は、watching TV is a passive activity that requires little effort, と言ってもいいです。

解答例④　テレビをずっと見過ぎると目を傷める。テレビの画面から出る青い光が目に悪影響を与える。

　　　　People tend to think that watching TV is very good for small children, but actually, it does them great harm. By watching TV for too long, children hurt their eyes. The blue light coming from the screen has a bad effect on their eyes. (44 words)

Lesson 13
指定語数のことも考え始める
—*****—

この講では2つのことをやります。

1つは、今までに学んだことを一気に吐き出します。つまり、初めから終わりまで完全答案を書きにいきます。初めから終わりまでと言うのは、「主張」＋「根拠」＋「具体例・詳細説明」の3点セットを一息に書くということですね。

もう1つは、指定語数（制限語数）です。実際の入試の自由英作文では書く語数が指定されます。今までは指定語数についてはほとんど考慮してきませんでしたが、この講からは全体の語数も考えながらやっていきます。

ちょっとむずかしくなってきましたが、ここが頑張りどころです。

Q 11 日本のコンビニは原則として、どの店も24時間営業ということになっていますが、それはよいことだと思いますか？　全体で50～70語の英語であなたの意見を書きなさい。

君が24時間営業に賛成でも反対でも、立場によって得点が変わることはありませんから、好きな方を選んでかまいません。好きな方というのは、自分の本心に基づいて、ということではありません。「どちらの側に立って答案を書いた方が、英語をやさしく書けるかという基準から選びなさい」ということです。やさしい英語の方が必然的にまちがいは少なくなりますから、結果として高得点になります。

指定語数に関しては、今まで学んだ「**主張＋根拠＋具体例（詳細説明）の3点セット**」に従って書けば、50～70語の長さには自然に届きます。50～70語だと、ふつうの大きさの英字で書くとすると5～7行の長さという計算ですね。

問1

自分のノートに、ヒントなしで、**Q 11** の答案を始めから最後まで一気に書いてください。辞書は使ってもOKです（英和・和英・英英）。必ず「3点セット」に従って書くこと。制限時間は辞書なしの場合は15分、辞書を使う場合は25分です。ただし、解説の便宜上、**24時間営業に賛成の立場で**、意見を書いてください。

24時間営業がよいとは言っても、現実には誰にとって良いのかが大いに問題です。君にとって（消費者にとって）24時間営業は便利でしょうが、経営者や店長やバイトの人にとっては毎晩の深夜～早朝労働はきついでしょう。昼夜逆転の生活を続けると、

体内時計が狂っていろいろ体内に不調が起こり、ガンなどにもなりやすいと言われています。また深夜営業だと電力などを余分に消費するという問題もあります。しかし、いろいろ問題はあっても、ここでは君にとって24時間営業の利点を考えてください。

・・・

さてここからは解説のスタートです。

◆ コンビニ24時間営業はよいことだ（賛成）という意見を書く

★ まず「主張」を書く

日本では、すべてのコンビニは24時間営業すべきだ。
・I support the opinion that all the convenience stores in Japan should be open around the clock.
・I agree that every convenience store in Japan should stay open 24 hours a day.

➡around the clockは「いつも・24時間」＝round the clock

★ 次に「根拠」＋「具体例・詳細説明」をひとまとまりに考える

（1）「根拠」を考える

問2

コンビニが24時間営業すべき根拠を、以下の空欄に3つ日本語で書いてください。

1. ....

2. ....

3. ....

私（あぶないひろし）が考えた根拠は以下の通り：
もしもすべてのコンビニが24時間営業であれば、

①真夜中の緊急時に駆け込んで助けを求められるから
②真夜中に欲しいものがあったときに買いに行けるから
③たとえ真夜中でも、気分転換をしたくなったときに行けるから

問3

上の根拠①～③までを、下の語彙のヒントを参考にしながら英語にしなさい。

 語彙のヒント

● 24時間営業だ **be open 24 hours**（openは形容詞「営業中の」）**stay open around the clock**
● 真夜中に **in the middle of the night**（注意!! at midnightは「午前0時0分に」の意味。一方、「真夜中」は午前0時～午前3時ころまで。）**late at night**でも可。
● 緊急時に **in an emergency**
● 助けを求める **ask for help**
● ～に駆け込む **run into ～**
● 気分転換で **feel like ～ ing / 名詞 for a change (of scenery)**
● 立ち寄る **visit / drop in / drop by**

問3 の解答例

もしもすべてのコンビニが24時間営業であれば、

・**If every convenience store stays open 24 hours a day,**
・**If they are always open,**

①真夜中の緊急時に駆け込んで助けを求められる

you can run into one of them in an emergency and ask for help.

②真夜中に欲しいものがあったときに買いに行ける

you can go there and buy something you want even in the middle of the night.

③たとえ真夜中でも（いつでも）、気分転換をしたくなったときに行ける

・**you can visit just for a change of scenery even very late at night.**
・**you can drop in whenever you feel like it.**

➡ ①one of them=one of the convenience storesです。②③のevenは「～でさえ・～であっても」③visitはここでは自動詞です。

76

（2）具体例・詳細説明を考える

具体例・詳細説明の考え方がイマイチわからないという人のためにヒントを与えましょう。

◆具体例・詳細説明のヒント

それぞれ矢印の右のように自問してください。

①真夜中の緊急事態のときに助けを求められるから→**どういう緊急事態があり得る？**
②真夜中に欲しいものがあったときに買いに行けるから→**どういうものを欲しい？**
③真夜中に気分転換をしたくなったときに行けるから→**どういう気分転換？**

私（あぶないひろし）が考えた具体例・詳細説明は以下の通り：

①暗い夜道を1人で歩いていたら襲われそうになり、近くのコンビニに助けを求める
②メイク落としを使い切っていたのに気づかず、コンビニに新品を買いに行く*
③勉強し過ぎて頭がぼーっとしたので、夜の散歩がてら店に入って雑誌立ち読みする**

（*大人の女性の場合です。**ただし、マンガ・雑誌の立ち読み禁止の店も多い）

①は交番代わりということですね。そもそも交番の数はコンビニに比べて少ないし、誰も駐在していないことも多いですから、こういう緊急時には役立ちますね。
②メイクを落とさずに寝てしまうと翌朝、顔がゴワゴワになって大変なことになるので夜中に買いに出かけることはありそうですね、たぶん。
③昼夜問わず、たいした意味もなくコンビニに入る人は意外に多いと思います。

問4

上の①〜③の具体例・詳細説明を、下の語彙のヒントを参考にして英語にしなさい。これで足りない場合は自分で辞書を引いてください。

 語彙のヒント

● 暗い夜道を　in a dark alley（alley「小路、狭い通り」暗記せよ）
● 1人で　alone / by yourself
● 襲う　assault / attack（assaultも暗記せよ）

- まさに〜しようとする　be about to 動詞原形
- 近くのコンビニ　　　　the nearest convenience store
- 助けを求めて　　　　　(ask) for help
- メイク　　　　　　　　makeup
- メイク落とし　　　　　makeup remover / facial cleansing cream
- 頭がぼーっとする　　　the head is spinning [whirling] (spin, whirlとも「回る」)
- 夜の散歩をする　　　　take a walk at night
- 〜に立ち寄る　　　　　drop by 〜 / drop in 〜 / stop by 〜
- 雑誌を立ち読みする　　read magazines without buying them / browse
　　　　　　　　　　　through magazines

問4 の解答例

①暗い夜道を1人で歩いていたら襲われそうになり、近くのコンビニに助けを求める

　　If someone is about to assault [attack] you while you are walking alone in a dark alley, you can run into the nearest convenience store for help.

➡主語に注意。犯人はsomeone、そして被害者がyouです。

②メイク落としがなくなっていたのに気づかず、コンビニに買いに行く

　　If you suddenly realize there is no more makeup remover left before you go to bed, you can run to a convenience store and get it.

➡日本語では「気づかず」、でも実際には「気づいた」から買いに行くわけです。
➡there is no more makeup remover leftの構文は以下の文と同じです：
There is still some work left.「仕事がまだいくらか残っている」。Some work is still left.と言っても可。

③勉強し過ぎて頭がぼーっとしたので、（＝もし勉強し過ぎて頭がぼーっとしたときには）
・**If you are exhausted [very tired] from studying too hard late at night,**
・**If you have studied too much and your head is spinning late at night,**

➡2つ目の文、「勉強をし過ぎて」は「今まで勉強をしてきた」ので、現在完了形

にします。

③（つづき）夜の散歩がてら店に入って雑誌立ち読みする

・you can just take a walk for a change and drop by a convenience store, and read magazines without buying them.

・you can go out for a walk, drop in at [drop by] [pop into] a convenience store, and read magazines without buying them.

できました。これらを①～③までそれぞれつなげれば答案の完成です。つないだものを以下に掲げておきます。じっくり見直して検討してください：

A 11 解答例①

I support the idea that every convenience store should stay open 24 hours a day. This is because you can run into one of them in an emergency and ask for help. For example, if someone is about to assault [attack] you while you are walking alone in a dark alley, you can run into the nearest convenience store for help. (58 words)

A 11 解答例②

I support the opinion that all the convenience stores in Japan should be open around the clock because you can go there and buy something you want even in the middle of the night. For instance, if you suddenly realize there is no more makeup remover left before you go to bed, you can run to a convenience store and get it. (62 words)

Lesson 13

A 11 解答例③

I agree that every convenience store should be open 24 hours a day. This is because you can visit one whenever you feel like it. For example, if you have studied too much and your head is spinning late at night, you can just take a walk for a change and drop by a convenience store, and read magazines without buying them. (62 words)

三点セット★

主張
根拠
具体例

Lesson 14

指定語数まで増量する方法
Part 1：箇条書きの数を増やす

—*****—

答案を増量する方法について考える

自由英作文を勉強し始めてまだ間もない初心者の人は「どう頑張っても指定語数まで書けないんだけど、どうしよう!! 」という不安というか、恐怖感を吐露する人もいます。

直前の第13講では指定語数が50 〜 70語でした。それでも長すぎるなと感じて、だいぶ苦労した人もいると思います。英語自体が書けない人もいるでしょうが、何を書いていいかアイディアが浮かばないという人も多いと思います。

この第14講からは、どうやったら君の答案の文章を滑らかに膨らますことができるか、 文章増量作戦 を考えていきたいと思います。

Q 12 「田舎の生活は都会の生活よりも優れている」 という見解に反対の意見を70 〜 80語の英語で述べなさい。

今回は70 〜 80語。 Q 11 は指定語数が50 〜 70語でしたから、前回よりも10 〜 30語は増えています。10 〜 30語とは、文で言えば1 〜 2文の長さですから、もう1 〜 2文増やして、君の答案を長くしなければなりません。

★ まず「主張」を書く

問1

「田舎の生活の方が都会の生活よりも優れているとは思わない」、つまり「都会の生活の方が田舎の生活よりも優れていると思う」という内容の文を、語彙のヒントを参考にして英語にして、自分のノートに書いてください。

語彙のヒント

● 田舎の生活　　rural life / life in the countryside ［the country］
● 都会の生活　　city life / urban life / life in a big city
● 田舎で・田舎の　in the country / in the countryside

● 都会で・都会の　in a big city
● 田舎の　　　　rural
● 都会の　　　　urban

問1 の解答例

・I don't think that rural life is better than urban life.

・I think that city life is better than life in the country.

・I don't agree with the view that life in the countryside is superior to life in a big city.

➡ be superior to ～は「～よりも優れている」。

➡ lifeは「(一般に) 生活」の意味では無冠詞で使う。

➡ 「田舎」の意味では必ずcountryにtheが付く。the countrysideといっても同じ。

★ 次に「根拠」を考える

なぜ田舎の生活の方が都会の生活よりも大変なのか、その「根拠」を考えます。

問2

都会に比べて田舎の生活が大変である理由を3つ、以下の空欄に日本語で書きなさい。

1. ....

2. ....

3. ....

私(あぶないひろし)が考えた「根拠」は以下の通り：

①田舎の生活は楽ではない (不便だ)。
②田舎の生活は単調で刺激に欠け、つまらない。
③田舎の生活は選べる職場の数が限られて、経済的に苦しい。

今回は根拠として、①を使います。英訳すると：

・Living in the countryside is not as easy as living in a big city.
・Country life is not as easy as city life.

などです。

➡life is easyは「生活が楽だ・便利だ」←→life is difficult「生活が苦しい・大変だ」。

  （×） Life is convenient.
  （○） Life is easy.

convenientは「何か目的を果たすための手段として、便利だ・使い勝手がいい」という意味です。life「人生」はそれ自体が目的なので、×life is convenientという言い方はしません。

★ 続けて「具体例・詳細説明」を書く

「田舎の生活は楽ではなく、不便だ」という①の根拠に関して、「具体例・詳細説明」を考えることにします。

問3

「田舎の生活は楽ではなく不便」であることを示す「具体例・詳細説明」を3～4つ日本語で以下の空欄に書きなさい。

  1.
  2.
  3.
  4.

私（あぶないひろし）が考えた、上の 問3 の答えは以下の通り：

①公共交通が不便（そのため通勤・通学・街での買物がしにくい）
②田舎の人はプライバシーをあまり尊重しない
③医療機関が少なくて不便（＝優秀な医師がいない）
④生活の基本インフラ（都市ガス・上下水道・電気・舗装道路・ショッピングモールなど）が整備されてない

問4

上の「具体例・詳細説明」のうち①〜③までを語彙のヒントを参考にしながら英語にしなさい。

1. ....

2. ....

3. ....

 語彙のヒント

- 公共交通　　　　public transportation
- 通勤する　　　　commute to work（名詞もcommute）/ go to work / travel to work / go to their workplace
- 通学する　　　　go to school / travel to school
- 動き回る　　　　get around
- プライバシー　　privacy
- 尊重する　　　　respect
- 不快だ　（ものごと・他人が）annoying。（自分が）annoyed。
- 医療機関　　　　hospitals
- 優秀な医師　　　a good doctor
- 〜するのに困る　have trouble 〜 ing

➡医療機関を「医療」と「機関」に分解するとむずかしくなります。医療機関とはすなわち病院のことですね。日本語が実際には何を表しているのかを常日頃から考える習慣をつけるとよいと思います。

問4 の解答例

①公共交通が不便（そのため通勤・通学・買物に不便）

Public transportation in rural areas is inconvenient

②田舎の人はプライバシーをあまり尊重しない

People in the country don't respect others' privacy very much.

③医療機関が少なくて不便

There are very few hospitals in the country, and it's inconvenient.

★ 3点セットをつなげて書く

ここまでで「主張」、「根拠」、「具体例・詳細説明」の3点が出そろいました。書き出してみると、

◆ 3点セットの枠組み

1. 主張：I don't think that rural life is better than urban life.
2. 根拠：Living in the countryside is not as easy as living in a big city.
3. 具体例・詳細説明：①, ②, ③

①公共交通が不便：Public transportation in rural areas is inconvenient.

　　I don't think that rural life is better than urban life. **This is because** living in the countryside is not as easy as living in a big city. **For example**, public transportation in rural areas is inconvenient.

➡太字はつなぎ語です。This is becauseはここから「根拠」が始まる、For exampleは「具体例」が始まる、ということを示します。

さあできました、と行きたいところですが、この答案は全部で何語になっているでしょうか？――37語です。指定語数が70 ～ 80語ですから、
40語くらい足りません。どうしたらいいでしょうか？
「具体例・詳細説明」を1つ補充しましょう。

★ 箇条書きを1つ補充する

②「田舎の人はプライバシーを尊重しない」をつけ足します。

　　I don't think that rural life is better than urban life. This is because living in the countryside is not as easy as living in a big city. For example, public transportation in rural areas is inconvenient. **Also, people in the country don't respect others' privacy very much.**

数えてみると48語。まだ指定語数に届きません。

★ さらに箇条書きを1つ補充する

3点セットの「具体例・詳細説明」をもう1つ増やしてみましょう。

③医療機関が少なくて不便だ：

　　I don't think that rural life is better than urban life. This is because living in the countryside is not as easy as living in a big city. For example, public transportation in rural areas is inconvenient. Also, people in the country don't respect others' privacy very much. **Moreover, there are very few hospitals in the country, and it's inconvenient.**

語数を数えてみましょう──60語です！ **まだ10語以上足りません。**「具体例・詳細説明」の項目を1つ増やしても、1センテンス、つまり10 〜 15語くらいしか増えませんでした。

どうしたらいいのでしょうか？

箇条書きの項目をさらに増やしていくのでしょうか？理由その④、その⑤、その⑥のように…。でもそうすると、まるで君のお母さんがスーパーに行く前のショッピングリストみたいな形式になって、「白菜、鳥のささみ、しらたき、ニンジン、コショウ」に「里芋と卵とハム」を付け加えるような形になり、意見を展開する答案としての見栄えもよくないし、内容も薄くなりますね。

次の第15講でこの解決策を学びます。

第14講を終わりにする前に、具体例をいくつか書き並べたいときに「箇条書き」でよく使われる語彙を確認しておきます。

❗ POINT

「具体例」の箇条書き（＝列挙）で使う「つなぎ語」一覧

・まず第一に	first (of all) / firstly / to begin with/ to start with / in the first place
・2番目に	secondly / second / also
・次に/さらに	also / furthermore / moreover
・付け加えると	in addition / besides
・最後に	finally / lastly

➡thenは「理由の追加」ではなくて「生じる出来事の順序」を表します：

例文1 I will do this. Then, I will do that.
（まずこれをやって、次にあれをやるぞ）

例文2 "I will ask her out". "Then she will laugh at you".
「彼女をデートに誘うぞ」「そんなことしたら彼女はお前を笑い飛ばすだろう」

86

Lesson 15

指定語数まで増量する方法
Part 2:Paraphrasing (パラフレイズィング)

—*****—————————————————————

答案を増量する方法について考える

第14講では、「箇条書きの数を増やす」ことによって英作文の全体量を膨らませるという方法を学習しました。でも残念ながらそれほど多くの増量は見込めませんでしたね。

この講では「paraphrasing (パラフレイズィング) による増量」という方法を考えていきたいと思います。

★修飾語を付加して増量

君の答案の総語数を増量する作戦を今展開していますが、誰でも考える手としては、「名詞に形容詞を付け加える (=形容詞で修飾する)」という手と、「形容詞・動詞・文に、副詞を付け加える (=副詞で修飾する)」という手です。次を見てください：

「日本の人口が日本の労働力にマイナスの影響を与えてきた。」
The population of Japan has had a negative effect on its workforce.(12 words)

　　　　　　　　↓　　　　　　↓　　　　　　↓

The **shrinking** [declining] population of Japan has **recently** had a **very** negative effect on its workforce. （15 words)
「日本の**縮小する**人口が**近年**、日本の労働力に**非常に**深刻な影響を与えてきた。」

形容詞がshrinking [declining]で、副詞がrecently / veryです。（shrinking→populationにかかり、very→negativeにかかります。recentlyは文全体にかかります。）
これで12語→15語に3語増えました。

この「修飾語補充作戦」は手軽ですが、数語を増やすときには有効であっても、数十語が足りないときには焼け石に水です。

87

★ 箇条書きを増やして増量

一方、第14講でやった「箇条書き増量作戦」では「根拠（または具体例）」を「1つには…、2つ目は…、3つ目は…、さらに…」のように増やしていく方法で、理論上は無限に増やしていくことも可能ですが、実際にはそんなにたくさんの項目を思いつくことはないでしょうし、書いた文章もスーパーの買い物一覧表のようになってしまい、みっともない文章になってしまいますから、別の方法を考えなければなりません。

★ パラフレイズィングによる増量

この講でやるparaphrasing（パラフレイズィング）という方法が意外に有効です。paraphrasingは「言い換え」とか「同等文」と訳されますが、paraphrasing（パラフレイズィング）とは、**直前の文と同じ意味で、ややちがう角度から言い直す方法**です。以下を見てください。下線部の内容を太字がパラフレイズィングしています。

例文1

For example, <u>public transportation in rural areas is inconvenient</u>. **You have to wait a long time for a bus or train.**
(9 words→21 words)

下線部（公共交通が不便）とはどういうことかというと、太字部分（バスや列車を長い間待たねばならない）ということですね。下線部を太字部分で言い換えていて、この2つはほぼ同じ意味です。これをparaphrasingと呼びます。「公共交通＝バスや列車」、「不便＝長い間待つ」と言い換えられています。

例文2

<u>You will have trouble finding a good doctor in the country</u>. **Many good doctors work in big cities, where there are many modern hospitals with the latest medical facilities.**
(11 words→29 words)

太字部分は「最新の医療設備を備えた近代的な病院がたくさんある大都市で、優秀な医師の多くは働いている」。これも下線部の「田舎では優秀な医師を見つけるのがむずかしい」という文と同じ趣旨を、ややちがった角度から述べた文（paraphrasing）です。

「優秀な医師は田舎ではわずか」＝「優秀な医師はたいてい大都市の近代的大病院で働いてる」

というイコール関係ですね。

これにより 例文1 では2倍以上、例文2 では3倍近くまで、増量が可能になりました。このワザを習得することで、簡単に文章の増量ができるようになります。

では早速、練習してみましょう。

問1

以下の文は直前の第14講で作ったものです。語数は60語でした。これを10〜20語増量したいと思います。下線部に、それぞれ適切な英語を入れて全体で70〜80語にしてください。ただし、1つ目の下線部は前ページの 例文1 とはちがう英語にしてください。

> I don't think that rural life is better than urban life. This is because living in the countryside is not as easy as living in a big city. For example, public transportation in rural areas is inconvenient, so _____. Also, people in the country don't respect others' privacy very much. Moreover, if _____, you will have trouble finding a good doctor in the country. (60 words)

so ....

if ....

問1 の解答例

> I don't think that rural life is better than urban life. This is because living in the countryside is not as easy as living in a big city. For example, public transportation in rural areas is inconvenient, so you definitely need a car to get around. Also, people in the country don't respect others' privacy very much. Moreover, if one of your family members suddenly falls [becomes] seriously ill, you will probably have trouble finding a good doctor. (77 words)

➡2つ目の下線部は以下の英語でもOKです：

if you suddenly become sick,

Lesson 15

問2

以下の文は直前の第14講で作ったものです。語数は60語でした。これを10〜20語増量したいと思います。paraphrasingのワザを用いて、下線部に適切な文を入れて全体で70〜80語にしてください。太字部分の文を別の表現に言い換えるということです。

　　I don't think that rural life is better than urban life. This is because living in the countryside is not as easy as living in a big city. For example, public transportation in rural areas is inconvenient. Also, **people in the country don't respect others' privacy very much.** ＿＿＿. Moreover, you will have trouble finding a good doctor in the country.
(60 words)

下線部では、直前の太字の文：「田舎の人は個人のプライバシーをあまり尊重しない」という文と同じような内容を書けばいいです。（本当にそうかどうかはわかりませんが）田舎の人はプライベイトな内容を根掘り葉掘り聞くとか、個人的なことにぐいぐい首を突っ込んでくるとか、だから都会の人はそれに腹を立てるとか、そんなことが書ければいいと思います。

問2 の解答例

・**They may ask you about personal matters all the time.**（10 words）
・**They are inquisitive ［curious］ about you and ask you about personal things.**（11 words）
・**You may be annoyed if they keep asking you about personal matters.**（12 words）

Lesson 16

指定語数まで増量する方法
Part 3：if-節を活用するparaphrasing

—*****————————————

答案を増量する方法について考える

パラフレイズィングとは「直前の文の内容を変えずに表現だけを変えて言い直すこと」でした。「根拠」や「具体例・詳細説明」を書くときには、パラフレイズィング（Paraphrasing）の技法を使うと簡単に君の答案を増量できることを第15講でやりました。その際、「if-節の入っている文」を使って、直前の文をパラフレイズィングするのが特に有効です。
この講ではその技法を学びます。

たとえば、以下の下線部を見てください。

「①米国社会は混乱が続いている。②もしも今の状態が続くならば、米国社会は完全に2つに分裂するであろう。」
「①私は大学入試に合格すると確信しています。②でももしも受からなければ、そのときは浪人することになるでしょう。」

それぞれ②の文には「もしも～ならば、…」という表現が入っていて、①の文の内容にそって言い換えをすることによって詳細説明をしています。
このように「もし～ならば」（"if＋文"、つまりif-節）から始まる文を書き加えることによって、明らかに全体の分量は2倍以上に増えます。

実際に"if＋文"を用いるParaphrasingのやり方を学習していきましょう。

Q 13 高校生が学校にスマホ・携帯を持ってくることは認めてもよいのか（賛成）、それとも禁止すべきなのか（反対）。あなたの見解を50～60語の英語で論じなさい。

→ 50～60語なので、ふつうに「主張」＋「根拠」＋「具体例・詳細説明」の3点セットで書けばよい。「根拠」の直後にif＋文から始まる文を使って根拠をさらに詳しく説明すれば、語数はクリアできる。

★「高校生が学校にスマホ持参」に賛成する

まず賛成の立場で書いてみることにします。

問 1

高校生が学校にスマホ・携帯を持ってくることに**賛成の**「根拠」を、君の頭で2つ考えて、以下の空欄に**日本語**で書きなさい。自分の頭で考える訓練が大切です。

(1)

(2)

私（あぶないひろし）が考えた、上の 問1 の答えは以下の通り：

(1) 非常事態のときにすぐ親に連絡できる。
(2) 授業中、百科事典や辞書や計算機として活用できる。

問 2

上の（1）（2）を英語にしなさい。下の語彙のヒントを参考にしてよい。

(1)

(2)

語彙のヒント

- ～を持ってくる　bring ～ to school（bringは「持参する」）
  　　　　　　　　　carry ～ in school（carryは「携行する」）
- スマホ　a smartphone
- 携帯　a cellphoneまたはa cell phone
- 非常事態で　in（the event of）an emergency / in case of an emergency
- ～に連絡する　contact* / get in touch with / call / get in contact** with
  （contact*は動詞で、contact**は名詞です）。
- 学校への行き帰りで　on their way to or from school

- 携帯を所持してる　　　　have their cellphone on them
- 〜するのに困る・なかなかできない　have trouble 〜 ing
- 道具・手段　　　　　　　tools
- 百科事典　　　　　　　　an encyclopedia（綴りが複雑だが覚えておくべき語）
- 計算機　　　　　　　　　a calculator
- 〜するのを禁じられる　be prohibited from 〜 ing
　　　　　　　　　　　　be forbidden to 動詞原形

問2 の解答例

（1）非常事態のときにすぐ親に連絡できる。

・**In an emergency, they can contact their parents immediately with their smartphones.**

➡contact 人 with 手段　という語法です。withは「手段・道具」を表します。

・**In the event of an emergency, they can call their parents immediately on their smartphones.**

➡下線部は以下の言い方もできます：

In case of **an emergency** / In case **there is an emergency**

➡call 人 on 電話　という語法です。

「電話で」は
on the phone / on a [their] smartphone / on a [their] cellphoneです。

（2）授業中、百科事典や辞書や計算機として活用できる。

・**They can use their smartphones as dictionaries, encyclopedias and calculators during a class.**

・**Smartphones can be useful tools in the classroom as dictionaries, encyclopedias and calculators.**

問3

問2で作った「根拠」の文の前に「主張」の文を付け加えて、「主張」＋「根拠」の文章を作りなさい。

(1) _____

(2) _____

問3 の解答例

(1) **High school students should be able to bring their smartphones to school. This is because, in an emergency, they can contact their parents immediately with their smartphones.** (27 words)

➡shouldが入るところに注意。このshouldは「～して当然だ」の意味。

(2) **High school students should be allowed to carry their smartphones in school. This is because smartphones can be useful tools in the classroom as dictionaries, encyclopedias and calculators.** (28 words)

➡このshouldも「～して当然だ」の意味。

上の 問3 の解答例は共に30語をやや下回る語数になっています。これに「具体例・詳細説明」を付け加えることによって50～60語という設問条件を満たす文章に作り変えます。

問4

上の 問3 の2つの解答例の直後に**if-節から始まる文を書き加えて**、全体で50～60語の文章にしなさい。

➡「もし登下校の途中で事故に遭い、携帯を持っていなければ…」という文にする。

(1) _____

➡「もし授業中に、参考書代わりに携帯を使うことを禁止されると…」という文にする。

(2) _____

問4 の解答例

（1）**High school students should be able to bring their smartphones to school. This is because in an emergency, they can contact their parents immediately with their smartphones.** If they had an accident on their way to or from school and didn't have their smartphone on them, they would have trouble getting in touch with their parents.（57 words）

➡ このparaphrasingの文は仮定法過去形で書かれています。If-節から始まる文は、ふつうの条件文（Ifの後ろが現在形）にしても、仮定法の文（時制が過去に1つずれる）にしてもかまいません。

（2）**High school students should be allowed to carry their smartphones in school. This is because smartphones can be useful tools in the classroom as dictionaries, encyclopedias and calculators.** If they are prohibited from using their smartphones in class, they will have to carry heavy paper dictionaries, calculators and even encyclopedias.（51 words）

これで無事に50〜60語の条件を満たすことができました。
ある文を書いたら、「もしその内容が生じなければどうなるだろう」と常に考える習慣をつけると、それを自由英作文に活用して、語数増強に役立てることができます。

★「高校生が学校にスマホ持参」に反対する

今度は反対の立場から書いて、If-節を用いた増量作戦の練習をもう少しします。

問5

高校生が学校にスマホ・携帯を持ってくることに**反対の**「根拠」を、君の頭で3つ考えて、以下の空欄に**日本語で**書きなさい。自分の頭で考える訓練が大切です。

（1）＿＿＿＿＿＿＿＿＿＿＿＿＿＿＿＿＿＿＿＿＿＿＿＿＿＿＿＿＿＿＿＿

（2）＿＿＿＿＿＿＿＿＿＿＿＿＿＿＿＿＿＿＿＿＿＿＿＿＿＿＿＿＿＿＿＿

（3）＿＿＿＿＿＿＿＿＿＿＿＿＿＿＿＿＿＿＿＿＿＿＿＿＿＿＿＿＿＿＿＿

私（あぶないひろし）が考えた、問5 の「根拠」の日本語の答えは以下の通り：

> 学校でのスマホ使用は、
> （1）授業中の着信音が、教室の雰囲気を悪くする・周りの人をイライラさせる
> （2）対面コミュニケイション能力に悪い影響が出るだろう
> （3）その（携帯に使う）時間とお金をもっと賢く使うべきだ

問6

上の（1）（2）（3）を英語にしなさい。下の語彙のヒントを参考にしてよい。

（1）＿＿＿＿＿＿＿＿＿＿＿＿＿＿＿＿＿＿＿＿＿＿＿＿＿＿＿＿＿＿＿＿

（2）＿＿＿＿＿＿＿＿＿＿＿＿＿＿＿＿＿＿＿＿＿＿＿＿＿＿＿＿＿＿＿＿

（3）＿＿＿＿＿＿＿＿＿＿＿＿＿＿＿＿＿＿＿＿＿＿＿＿＿＿＿＿＿＿＿＿

 語彙のヒント

- 音（着信音・呼び出し音）　a sound / a ring
- 教室の雰囲気　the atmosphere of the classroom
- 携帯の所有者　the owner of the smartphone
- ～を悪くする・こわす・乱す　spoil / break / disrupt
- 集中をそがれる　be distracted from the class
  lose concentration on the class
- （人が）イライラしている　be disturbed / be annoyed / be irritated
  （disturb「気分をかき乱す」とdisrupt「授業進行をかき乱す（＝妨害する）」を混同しないように）
- （人を）イライラさせるような　annoying / disturbing / irritating
- 授業の最中に　in the middle of the class / during the [a] class / in class
- 対面コミュニケイション能力　communication skills / communicating face to face
- ～に時間・金をもっと賢く使う　spend their time and money more wisely
- 時間を無駄遣いする　waste your time
- 学校にいるときに　while they are in school [at school]

- 人と携帯メールのやり取りをする　text with 人
- （携帯でメッセージを）送る　　　　text ～
- 四六時中・いつでも　　　　　　　all the time
- 対面で・直接会って　　　　　　　face to face
- 携帯で　　　　　　　　　　　　　on the phone

問6 の解答例

（1）授業中の着信音が、教室の雰囲気を悪くする・周りの人をイライラさせる

・The sound of smartphones disrupts a class
・The sound of smartphones ruins the atmosphere in the classroom.
・The sound of someone's smartphone during a class irritates students around him or her.

➡classroomは「教室」つまり空間を意味します。一方、classは「授業」つまり授業中の先生の講義や生徒とのやり取りを意味します。

（2）対面コミュニケイション能力を伸ばせないだろう・悪い影響が出るだろう

・They will not be able to develop the ability to communicate with others face to face.
・Smartphone use will have a very bad effect on students' communication skills.

➡abilityの後ろの接続はto不定詞と決まっています。× that節　× of ～ingです。
➡othersはother peopleと同じです。
➡smartphone useのuseは「使用」という意味の名詞で、「ユース」と発音します。
➡have a bad effect on ～は前にも出てきた熟語で「～に悪い影響を与える」です。

（3）その時間とお金をもっと賢く使うべきだ

They should spend that time and money more wisely（sensibly）on other things.

➡spend［金・時・労力］～ ing 、またはspend［金・時・労力］on 対象、は最重要な語法です。暗記してください！
➡other things「他のもの」

97

上の 問6 の解答例（1）、（2）、（3）のどれか1つを「根拠」に使って、**Q13** の完全答案を作りなさい。「根拠」の直後には、If節から始まる文を配置すること（ここがこの講のポイントです）。前ページの「語彙のヒント」を大いに参照してください。そのあと自分の答案を下の模範解答と比べます。

....

....

....

➡if-節を作るときの解法のヒント

根拠（1）の場合、「もし授業中に誰かの携帯音が突然聞こえ始めたら…」から始まる文を作ります。

根拠（2）の場合、「もし携帯で四六時中メールのやり取りをしていたら…」から始まる文を作ります。

根拠（3）の場合、「もし学校にいるときに携帯の使用が許されたなら…」から始まる文を作ります。

問7 の解答例

（1）（もし授業中に誰かの携帯音が突然聞こえ始めたら生徒だけでなく先生も気分を害する）

　　High school students shouldn't bring their cell phones to school. This is because the sound of cell phones spoils the atmosphere of the classroom. If you suddenly hear the ringing of someone's cell phone in the middle of a class, not only you but also the teacher will be annoyed.　（53 words）

（1）（もし授業中に誰かの携帯音が突然聞こえ始めたら本人が恥ずかしい思いをするだけでなく、周りの生徒、さらに先生も気分がそがれる）

　　High school students shouldn't carry their smartphones in school. The sound of smartphones disrupts classes. If you suddenly hear the ringing of someone's smartphone in the middle of a class, the owner of the phone will feel embarrassed, the students around him or her will be annoyed, and the teacher will be disturbed. (60 words)

➡根拠の先頭に用いるThis is becauseは、慣れてきたら必ずしも書かなくてもかまいません。英語では2つの文が並んでいて、第1の文が「主張」なら、次の文は「根拠」ということになっているのです。君の答案の全体の語数から判断して、書くか書かないか決めればいいです。この解答例では全体の語数がギリギリ60語なのでthis is becauseは書いてありません。

➡the owner …以下は3つの文が連なっています。3つの文をandを用いてつなげるときには、以下のようにします。カンマの打ち方に注意：

［文①］,［文②］, and［文③］.

(2)（もし携帯で四六時中メールのやり取りをしていたら対面コミュニケイション能力が伸びないだろう）

High school students should not carry their smartphones in school. This is because smartphone use has a very bad effect on students' communication skills. If they text with friends on the phone all the time, they will not be able to develop the ability to communicate with others face to face. (51 words)

(3)（もし学校にいるときに携帯の使用が許されたなら、携帯を使い過ぎてしまう。その時間とお金（ゲーム課金とかパケット料金に費やすお金）はもっと賢く使うべきだ）

High school students should not bring their cell phones to school. This is because they should spend that time and money more wisely on other things. If they are allowed to use them while they are in school, they will probably spend too much time and money playing games on their phones. (52 words)

Lesson 17

指定語数まで増量する方法
Part 4：逆接の構文を使う

―*****―

答案を増量する方法について考える

「逆接の構文」というのは、大ざっぱに言うとbutを代表とする逆接語を使って2つ
の文をつなぐ文のことです。第12講でやった「譲歩構文」も「逆接の構文」の中に
入ります。これを使うと、君の書く文が2倍に膨らみます。「Bだ」と書いた文に「A
だけれども」を付け足せば「AだけれどもBだ」になって、一文の長さは2倍に増量
します。

Q 14 　日本の生徒（中学・高校生）は長年学校で英語を習っているのに
英語が苦手で、特に英会話が下手だとよく言われますが、なぜな
のでしょうか？　あなたなりの分析を70 ～ 90語の英語で書きな
さい。

【解説】
「たいていの日本人生徒は英語が苦手で、特に英会話が下手だ」という主張に対する、
君の分析を述べる問題です。この問題では「日本人生徒の英会話下手」は事実とし
て扱われていますから、それを前提にして、その上で君の分析を英語で書くという
ことになります。
　もしこの主張を事実として認めず、「実は日本人生徒は、英語は良くしゃべれるんで
すよ」という主張を展開すると、入試ではどうなるでしょうか？

　おそらくそれでもかまわないと思います。設問では「日本人生徒の英会話下手」は
前提の事実になっていますが、その根本のところを否定してかかるというのも理論
上は有りです。入試では、君の英語表現能力がどのくらいかを評価するのを主目的
に「自由英作文」を出題しているわけですから、英文自体が論理的で正確に書けて
いれば大丈夫でしょう。
　しかし実際にはそんな大胆なことはやらない方がいいと思います。もし「日本人生
徒は英会話下手だ」という主張を全否定しようとすると、ほとんどの人々の常識を
覆すことになり、論証（＝自分の主張の方が正しいという根拠の提示）が大変な作
業になりますから。

語彙のヒント

- 日本人生徒　　　（most）Japanese students
- 苦手だ・下手だ　be not very good at ~ ing（not...veryは部分否定。「あまり ~ でない」という意味）

　　　　　　　　be poor at ~ ing（poorは「貧弱な」）

　　　　　　　　be weak in [at] ~
- 英会話　　　　　speaking English（speak Englishを動名詞にした形）

　　　　　　　　speaking English in real-life settings（real-life settings は「実際の場面で」）

　　　　　　　　conversational English（会話体の英語）

→「英会話」というのは、英語を話したり聞いたりすることだから、speaking Englishではなくてspeaking and listening to Englishが正しいのではないかと思った人がいると思いますが、英語では「英語を話したり聞いたりすること」の意味でspeaking Englishという表現を使います。「会話体の英語」のことをspoken Englishと呼ぶのと似ていますね。「会話体の英語(spoken English)」もしゃべるだけではなくて、しゃべったり聞いたりするわけです。

問1

以下の空欄に「日本の生徒は英会話が苦手だ」という主張を英語で書いてください。

....

....

【解説】

「日本の生徒は…」という文脈では「全体的な傾向」、つまり「一般論」を展開しています。「大半の~」とか「一般の~」とか「たいていの~」とか「ふつう~」というような意味です。一般論では、数えられる名詞はtheのつかない複数形を使いますから、ここではJapanese studentsとかstudents in Japanという言い方になります。

一般論だという姿勢をもっとはっきり押し出すなら、以下の言い方にするのもよい方法です。

- **most** Japanese students
- **almost all** (the) Japanese students
- Japanese students **in general**
- Japanese students **normally** [usually / generally]

問1 の解答例

・(**It is true that**) **Most Japanese students are not very good at speaking English.**

・**Japanese students <u>are often said</u> to be poor at speaking English,** and that's true.

・**<u>People say</u> that quite a lot of Japanese students are weak in conversational English,** and I agree.

➡上の赤字部分は書く必要があります。それがないと、下線部の「世間でよく言われていることですが」という伝聞に対して、君が賛成の立場なのか反対なのかが読み手にわかりません。

★ 次に「根拠」＝「君の分析」を考えます。

問2

<u>一般の日本人</u>が英会話を苦手とする理由（根拠）を2つ、以下の空欄に**日本語**で書きなさい。

1. ....

2. ....

私（あぶないひろし）が考えた理由（根拠）は以下の通り：

1．学校の英語の授業では読解と和訳ばかり教えられているのが原因だ。
2．日本人の国民性がおそらくその理由である。

問3

上の２つの日本人が英会話を苦手とする理由（根拠）を英語にしなさい。下の語彙のヒントを参照してください。

1. _____

2. _____

🖊 語彙のヒント

● 英文読解	how to read English
● 和訳する	translate [put] English into Japanese
● 構文	grammatical patterns / common sentence structures
● 語彙	vocabulary
● 大半の時間は	usually / most of the time
● 〜を暗記する	memorize 〜 / learn 〜 by heart
● 話す訓練をする	practice speaking English
● 教室の内外で	in and out of the classroom
● 〜する機会がある	have a chance to 〜
● 英会話力	English speaking skills
	the ability to speak English
● 国民性	their national character
● 寡黙な	quiet
● 内気な	shy
● 引っ込み思案の	reserved
● 〜を恐れる	be frightened [scared / afraid] of 〜
● 人のいる前で	when other people are around in front of other people
● 恥ずかしいと思う	feel embarrassed / embarrass themselves

（embarrassedは「赤面状態」ashamedは「罪の意識を感じて」）

● だからこそ〜なのだ	That's why＋文

問3 の解答例

1. **This is because, usually, they are only taught how to read English and translate it into Japanese in their English classes.**

> ➡theyはJapanese studentsを指しています。自分も日本人生徒の1人だから weじゃないのかと考えた人もいると思いますが、<u>自分のことは棚に上げて論を 進めるのが英語の流儀です。その方が客観的な記述だと思われています。</u>です から日本人生徒という集団に自分が所属していてもweではなくてtheyでいい のです。

2．**This is probably because of their national character**
➡<u>becauseの後ろには「文」が続き、</u>一方、because ofの後ろには「名詞」だ けが続きます。

◆逆説の構文で増量作戦！◆

さてここからがこの講の課題である増量作戦の始まりです。
君は「自由英作文の3点セット」に基づき、以下のような答案を書いたとします。

★「主張」：日本人生徒が英会話を苦手としているのは本当だ。
It is often said that Japanese students are not good at speaking English, and it is true.

★「根拠」：授業では主に訳読しか習わないのがその理由だ。
This is because, most of the time, they are only taught how to read English and translate it into Japanese in their English classes.

★「具体例・詳細説明」：教室の内外で生徒がスピーキングの練習をする機会がない。
They rarely get a chance to practice speaking in and out of the classroom.

この3つをつないだのが以下の文章です：

　　It is often said that Japanese students are not good at speaking English, and it is true. This is because, most of the time, they are only taught how to read English and translate it into Japanese in their English classes♥. They rarely get a chance to practice speaking inside and outside (of) the classroom.

数えてみると55語しかありません。これを70 ～ 90語まで増量しなければなりませ ん。約20 ～ 30語の増量です。どこをどうすればいいのか、まず君なりに考えてくだ

さい。文中の♥のところになにかを補充したいと思います。

問4 に進みます。

問4

以下の文章の下線部（1）に文脈上適切な英語を1文補充しなさい。

　　It is often said that Japanese students are not good at speaking English, and it is true. This is because, <u>most of the time, they are only taught how to read English and translate it into Japanese in their English classes</u> **although** (1) _____. They rarely get a chance to practice speaking in and out of the classroom.

➡下線部（1）には、althoughの直前の文（上の二重下線部）とは真逆の内容の文が入ります。つまり「生徒は〜**ではあるけれども**、学校の英語の授業では主に訳読しか習わない」という文にすればよいのです。君が自分の頭で考えた（1）の内容を日本語で1つ、以下に書いてください。

（1）（日本語で）

私（あぶないひろし）が考えた内容は以下の通り：

> 1．英会話がうまくなりたいと思っているのに
> 2．学校で毎週何時間も英語を学んでいるのに
> 3．実際の日常生活で使える英語を学びたいのに

上の3つのうち1つを選んで英語にしてください。

（1）（英語で）

　問4 の解答例
1.（**although**）**they may want to be fluent in English**
2.（**although**）**they spend several hours a week studying English at school**
3.（**although**）**they may want to learn how to speak English in real-life settings**

問5 に進みます。 問5 は 問4 で作った文をベースにさらに増量します。 問4 で
やったのと同じ要領で、自分の頭で考えて空所（2）に英語を書き込んでください。

問5

以下の文章の下線部（2）に文脈上適切な英語を1文補充しなさい。

It is often said that Japanese students are not good at
speaking English, and it is true. This is because, most of the time,
they are only taught how to read English and translate it into
Japanese in their English classes, although they may want to learn
how to speak English in real-life settings. They may (2)_____,
but they rarely get a chance to practice speaking in and out of the
classroom.

➡ 下線部（2）には、but直後の文（上の二重下線部）とは真逆の内容の文が入り
ます。君が自分の頭で考えた（2）の内容を日本語で1つ、以下に書いてください。

（2）（日本語で）
....

私（あぶないひろし）が考えた内容は以下の通り：

1．読解力は向上するかもしれないが
2．たくさんの単語や文法構文は暗記しているかもしれないが
3．英会話を試したいと思っているかもしれないが

上の3つのうち1つを選んで英語にしてください。

（1）（英語で）
....

問5 （2）の解答例
1.（**They may**）**be able to improve on their reading ability,**
2.（**They may**）**memorize long lists of vocabulary and grammatical
    patterns,**
3.（**They may**）**want to try speaking English,**

ということで、以下のような答案になりました。語数を数えてみると55語だったのが、79語になっています。24語の増量に成功しました。

A 14 解答例①

It is often said that Japanese students are not good at speaking English, and it is true. This is because, usually, they are taught only how to read English and translate it into Japanese in their English classes, although they may want to learn how to speak English in real-life settings. They may memorize long lists of vocabulary and grammatical patterns, but they rarely get a chance to practice speaking in and out of the classroom. (79 words)

➡色字部分が増量箇所です。

◆ここまで Q 14 の理由（根拠）のうち、1（下を参照）を使って79語の答案を作りました。今度は2の理由（根拠）を使って同じことをやります。

《再録》 Q 14 の理由（根拠）
1．学校の英語の授業では読解と和訳ばかり教えられているのが原因だ。
2．日本人の国民性がおそらくその理由である。

問 1．「主張」：「日本人生徒が英会話を苦手としているのは本当だ」を英訳してください。

問 2．「根拠」：「日本人の国民性がおそらくその理由である」を英訳してください。

解答

1. **It is true that Japanese students are not very good at speaking English.**

2. **This is probably because of their national character**

★「具体例・詳細説明」を書く

詳細説明は以下のようにしたらいいと思います：

「日本人の生徒の大半はシャイで控えめであり、みんなの前でまちがうことを恐れている。だから英語を話す練習ができない」。

問 3. 上の「詳細説明」を英訳してください。

....

....

解答

Most Japanese students are shy and reserved, and they are frightened of making mistakes when other people are around, and that prevents them from practicing speaking English.

以上の「主張」「根拠」「具体例」をつなぐと以下の文章になります：

 It is true that Japanese students are not very good at speaking English. This is probably because of their national character. Most Japanese students are shy and reserved. ♥ . Japanese students are frightened of making mistakes when other people are around, and that prevents them from practicing speaking English. (48 words)

数えてみると48語です。この48語からなる文章を70 〜 90語の文章に増量しなければなりません。約20 〜 40語の増量です。どこをどうすればいいのか、まず君なりに考えてください。直し方はいろいろありますが、ここでは文中の♥のところに「譲歩構文」で1文を補充します。考え終わったら、問6 に進み、解答してみてください。

108

問6

以下の文章の下線部（1）、（2）に、文脈上適切な英語を自由に補充して、全体を70〜90語の長さに増量しなさい。

　　It is true that Japanese students are not very good at speaking English. This is probably because of their national character. Most Japanese students are shy and reserved. **This quality may be (1)_____, but unfortunately, when it comes to (2)_____, it is not so good.** Japanese people are frightened of making mistakes when other people are around, and that prevents them from practicing speaking English.

➡ 解法のヒント

This quality（この特性）は直前のshy and reservedのところを指しています。「日本人の国民性である、大人しく恥ずかしがりで引っ込み思案」という特性のことです。この特性について「詳細説明」をする文のところを補充して増量するという作戦です。具体的には、… may …, but 〜の譲歩構文を挿入して、語数を一気に増やします。

➡ when it comes to 名詞,（またはcomes to 〜 ing,）は「話が〜になると・話題が〜に至ると」。

➡ （2）には「話題が英語をしゃべるということになると」みたいな英語を入れればいいです。

➡ （2）の直後のit is not so goodのitは、This qualityを指しています。

問6 の解答例

（1）
・ **great in everyday interaction [communication]with each other,**
・ **very good when they get along with other people**
・ **beneficial in everyday life**

（2）
・ **learning English,**
・ **learning how to speak English,**
・ **studying English**

では、今作った文をもとの文章に加えてみます。48語だったものが69語になりました。約20語の増量です。「大半の日本人は物静かで、シャイで控えめだ」の直後に「**その国民的気質は日常生活ではとても良いことだが**、（残念なことに）英語を学ぶ段になるとマイナスだ」という「逆接の構文（譲歩構文）」を入れることによって、「日本人の気質」を詳細説明することができ、語数も大幅に伸ばせました。

A 14 解答例②

It is true that Japanese students are not very good at speaking English. This is probably because of their national character. Most Japanese students are shy and reserved. This quality may be beneficial [very good] in everyday life, but unfortunately, when it comes to learning English, it is not. Japanese people are frightened of making mistakes when other people are around, and that prevents them from practicing speaking English. （69 words）

逆接の構文（AだけれどもBだ）は、1つの文を2倍にできるので困ったときにとても役立つワザです。

《第17講の補充》

自由英作文では日本における英語教育・英語学習関連の論題はときどき出題されます。なぜ日本人が英語（特に英会話）を苦手としているのかを次のページに少しまとめておきますので、入試自由英作文で、もしこれに関連する問題が出題されたときのために、しっかり書けるようにしておいたらいいと思います。

《日本人が英会話を苦手とする理由について》

①学校では読み書き（読解と和訳）ばかり教えられていて、英語で話すこと（スピーキングの訓練）が十分行われていない。

①Most Japanese students are taught only how to read English and translate it into Japanese in their English classes, but they have few opportunites to speak it.

②周りに人がいて注視しているので、ここでまちがうと恥ずかしいという感覚が強すぎて、怖気づいてしまい、実際に口を開いて話すことができない。

②Japanese students are frightened of making mistakes when other people are around, and that prevents them from speaking English.

③大学入試では、英語の試験ではありながら、日本語に大きく依存する形式（英文和訳と和文英訳）で出題されているので、英語自体の学習が薄くなっている。

③English examinations for college entrance in Japan are in fact heavily dependent on the Japanese language as in translation problems from or into Japanese, and that has a bad effect on English education at the high school level.

④そもそもリスニング能力が不足しているので、相手（英米人）の言っていることがわからない。したがって、それに対してどんな英語で答えていいかもわからない。

④To begin with, Japanese students are not good at listening comprehension in English, which prevents them from understanding what the other person is saying.

⑤日本で生活している限りは、英語を使わなければならない事態にはならないので英語（特にスピーキングとリスニング）を学ぶ必要性が感じられない。

⑤It is doubtful if Japanese people should learn English because they don't have to speak English in everyday life as long as they live in Japan.

⑥英語には日本語にない音が数多くあってうまく発音できないし、聞き取れない。

⑥**There are many sounds in English that the Japanese language doesn't have, so Japanese people have difficulty catching and saying such unfamiliar sounds.**

⑦そもそも英語を流暢に話せる先生がごく少数しかいないので、英語をまったく話せない先生に教わっている生徒がしゃべれるようにはならないだろう。

⑦**There are many Japanese English teachers in Japan who don't speak English at all. Chances are, their students will not be able to speak English fluently.**

Lesson 18

指定語数まで増量する方法
Part 5：文を使って名詞を拡げるparaphrasing
—＊＊＊＊＊——————————————————

答案を増量する方法について考える

君の答案の語数を増やすためにもう一つ、使えるワザがあります。表題に「文を使って名詞を拡げるparaphrasing」と書いてありますね。何のことを言っているのかわかりづらいなと思った人もいるでしょう。それはこういうことです↓

①名詞→［名詞＋関係詞を先頭とする文］に拡げる。
②［前置詞＋名詞］→［接続詞＋文］に拡げる。

ここでの「文」とは「主語＋述語動詞」がそろっている固まりを意味しています。文法的には、clause（節）ということになります。

①名詞→［名詞＋関係詞を先頭とする文］に拡げる

名詞を文に変えるというのはどういうことでしょうか？　以下の例文を見てみましょう。

(1) I get along very well with <u>my neighbors</u>.（下線部2語）
　　（私は隣人たちとはとてもうまく付き合っている）

(2) I get along very well with <u>the people who live near my house</u>.（下線部7語）

「隣人たち」の部分が2語→7語に増えています。(1) の下線部は名詞でしたが、(2) の下線部は名詞＋関係代名詞節（＝名詞＋関係代名詞を先頭に含む文）になっています。そしてどちらも意味はほぼ同じです。

➡下線部はいろいろな言い方が可能です：
・my neighbors（2語）
・the people living nearby（4語）
・the people who live nearby（5語）
・the people living near my house（6語）
・the people who live in my area [in my neighborhood]（7語）
・the people who live near my house（7語）

語数がさまざまなのに驚くかもしれませんね。

➡my neighborsのような基本的な日常語であれば、現実的にはそれを使うのがいちばん自然で効率的でベストなのですが、難しい専門語などの場合には、たくさんの語を使って説明的に書いた方が読者にはわかりやすくなります。

同様に、前の第17講で出てきた語句smartphone use in schoolは名詞ですが、文にすると（厳密には「名詞節」ですが）that high school students use their smartphones while they are in schoolと言えます。4語→12語に膨らみます。

② ［前置詞＋名詞］ → ［接続詞＋文］ に拡げる

次に、［前置詞＋名詞］を［接続詞＋文］に変えるというのはどういうことでしょうか？以下の例文を見てみましょう。

(3) Despite her parents' opposition, Sidney is marrying George.
（下線部4語）
（両親の反対にもかかわらず、シドニーはジョージと結婚する予定だ。）

(4) Although her parents are opposed to her marriage, Sidney is marrying George. （下線部8語）

「両親の反対にもかかわらず」のところですが、
(3) は ［前置詞＋名詞］。Despite「～にもかかわらず」が前置詞です。
(4) は ［接続詞＋文］。Although「～にもかかわらず」が接続詞です。
下線部分を比べると4語→8語に増えています。

これを君の答案の増量作戦に使おうということです。一応、公式として書いておきます。

♥英作文の公式♥

・句（＝前置詞＋名詞）がいいか、節（＝接続詞＋文）がいいか迷ったら、必ず節を選ぶ。
・名詞にしようか、名詞＋関係詞節にしようか迷ったら、名詞＋関係詞節にすると語数が稼げる。

実はそれによって君の英文は意味が明確になるのです。節にするということは、単なる名詞ではなくて文を書かなければならないので、主語も明示でき、動詞の時制も明示できるので文意がはっきりするのです。

では、この新しいワザを使う練習を、次の問題を素材にやってみましょう。

Q 15 高校生は高校を卒業したら、すぐ実家から出て1人暮らしをするべきだ、という意見がありますが、それに対するあなたの見解を70 ～ 80語の英語で述べなさい。

この問題の答案として、君は以下のように考えました：
「高校生って卒業したらすぐ実家を出て、新しい環境で1人暮らしをしてみるべきだと思うよ。だって、そうすれば、いろいろ新しい経験を積むチャンスがあるし、自分の人生観や世界観にもいい影響があるんじゃないかな」。

はい、今から2 ～ 3分、この日本語をどう英語にしたらいいか、頭の中で考えてみてください。そんなにむずかしくはないと思います。
…
さて、では英文を見てみましょう。

I agree with the opinion that after graduation from high school, young people should leave their hometowns and start a new life in a new environment. In this way, they will have a chance to experience a lot of new things, and that will give them new outlooks on life and the world. (53 words)

➡ 「高校新卒の人」はふつうhigh school graduatesと言いますが、young people fresh from high schoolとも言えます。

君は、自分でもなかなかいいことを書いたなと満足したのもつかの間、語数を数えてみるとまだ20語弱足りません。語数指定が70 ～ 80語でした。どうしようか？と、迫りくる制限時間に追い立てられながら、君は試験会場で頭を悩ませます。

★「名詞を文に変える」ワザを使って増量する

問

以下の下線部（1）～（4）を「**文を使って名詞を拡げるparaphrasing**」のワザで（つまり、同じ意味のことを別の表現を使って）増量して、全体で70語以上にしてください。具体的には、下線部を［接続詞＋文］、または［名詞＋関係詞を含む文］にします。

I agree with the opinion that (1) <u>after graduation</u> from high school, young people should leave (2) <u>their hometowns</u> and start a new life in (3) <u>a new environment</u>. In this way, they will have a chance to experience a lot of new things, and that will positively affect (4) <u>their views of life and the world</u>.

(1) ....

(2) ....

(3) ....

(4) ....

解答例

I agree with the opinion that (1) as soon as they graduate **from high school, young people should leave** (2) the town where they have been living since they were born **and start a new life in** (3) a new place that they have never visited or lived. **In this way, they will have a chance to experience a lot of new things, and that will change** (4) the way they look at life and the world. (**74 words**)

別の解答例

(1) **after they graduate / when they have graduated**
(2) (**the village or city**) **where they were born and brought up** [**born and raised**]
(3) **a new place where they have no friends or relatives**
(4) **how they look at** (**on**) **life and the world**

➡ (2) のthe town / the village or cityが単数形になっているのは、they,すなわち高校新卒の若者たちには、1人ひとりそれぞれ1つ、自分の故郷の町・村・市があるから単数形にしてあるのです。

例文 All the children raised their <u>hand</u>.
　　（子供たちはみな（片）手を挙げた）

116

もしrdised their handsと書かれていればそれぞれの子供が「両手を挙げた」という可能性も出てきます。

これで53語→74語になり、21語もの増量が達成できました。入試の自由英作文で英文を書くときには、前ページで掲げた【公式】を忘れないようにすることが大切です。

ここまで、いかにして君の自由英作文の答案を増量させるかについて、以下の5つの増量方法を解説してきました。これらのワザを習得すれば、語数指定のプレッシャーからは完全に脱却できると思います。以下にまとめておきます。

《語数を増やす5つの方法》

★修飾語を付け足す増量作戦
★箇条書きの項目を増やす増量作戦
★（特にIf-節を文に加える）パラフレイズィング増量作戦
★逆接の構文（譲歩構文も含む）を使う増量作戦
★文を使って名詞を拡げるパラフレイズィング増量作戦

そしてこの方法をマスターすれば、逆に制限語数をはみ出してしまった場合には、自分の答案を削ってコンパクトに縮めることもできるのです。伸縮自在ですね。

伸縮
自在

第1章のおまけ　Paraphrasingの特訓ページ

むずかしい英単語、ドンピシャの英語が頭に浮かばなかったり、そもそも知らなかったりしたときに、どう自分の英語で言い換えていくかという、いわゆる「言い換え」paraphrasingのワザを磨くために、ここで少し補充特訓をしておきたいと思います。この本の姉妹巻（下巻）の中に『言葉を定義する』という項目があり、そこでもしっかりと学習しますが、入試最頻出でしかも簡単なものをここで15題だけ練習します。「相手」や「実家」など、すでに出てきたものもいくつか含まれています。難度は高くて大変ですが、入試によく出る表現ばかりなので頑張ってください。まるで歯が立たない人は解答を丸暗記です!!

問1

次の日本語を表す英語は何と言ったらいいのかをじっくり考えて、書きなさい。

01　電話口の相手

02　故郷

03　観光名所

04　実家

05　未亡人（a widowという語を知らないとして）

06　東京弁

07　留学

08　料理のレシピ（recipeという語を知らないとして）

09　定職

10　買物のお使い（an errandという語を知らないとして）

問1　解答

01　電話口の相手

the person you are talking to on the phone / the other person

02　故郷

the place [town] you were born and brought up in / your hometown
（これはふつうは、君が現在、住んでいる場所を表す）

03　観光名所

famous places many tourists visit / famous historic places [sites]（史跡）**/ tourist attractions / places of natural beauty**（風光明媚な場所）**/ sightseeing spots**

04　実家

the house your parents live in/ your parents' home [house]

05　未亡人（a widowという語を知らないとして）

a woman whose husband has died and who hasn't married again

06　東京弁

the way people in Tokyo speak Japanese / the Tokyo dialect / the Tokyo accent

07　留学

studying abroad / going abroad to study（abroadはoverseasでも可）

08　料理のレシピ（recipeという語を知らないとして）

how to prepare a dish [food] / how to cook the cuisine
➡ただしcuisineは「ある国や地方で調理される料理の全体」を指す言葉。
　（例）Italian cuisine「イタリア料理」

09　定職に就いている

working full-time / have a regular job

10　買物のお使い（an errandという語を知らないとして）

going to a shop to buy something for someone / making a short trip in order to buy something for other people（forは「～に代わって・～の代理で」）

Lesson 18

問2

次の日本語を表す英語は何と言ったらいいのかをじっくり考えて、書きなさい。

11　高校時代に

12　ちょっと腹ごしらえする

13　今日これからやる会議の議題

14　市の治安改善計画

15　物事をありのままに見る

問2　解答

11　高校時代に

when I was a high school student / when I was in high school（in my high school daysという表現は抒情的・文学的で、ふつうの場面では使われない）

12　ちょっと腹ごしらえする

eat something light / eat a little / eat a snack

13　今日これからやる会議の議題

the subject(s) to be discussed at the meeting today / the topic(s) we are discussing at today's meeting

14　市の治安改善計画

the plan to make the city safer

15　物事をありのままに見る

look at things as they are / look at things the way they are

ここまでが第1章（初級編）です。

次の第2章からは中級編へと入ります。中級編では、今まで学んできたことを使いこなせるようにテーマ別に問題演習をやっていきます。それによって、君の頭と手に自由英作文の技術を定着させることができます。レベルがかなり上がりますが、必死に食らいついてきてください。

第2章

[問題演習・実践編]

第2章 ［問題演習・実践編］ に取り組む前に

　この第2章では、意見の白黒（賛否）が付けやすい論題を5題選びました。この5つの論題はひょっとして君が今まで深く考えたことのない話題だったのかもしれません。しかし君はこれから大人になっていく人なわけですから、「どんな問題に対しても、自分なりの意見・見識を持っている」のが、大人であるための必須条件です。あらゆることに対して自分なりの見解を持てるようになりましょう。この5題は、しっかりとした論拠に基づいて、論理的に一歩一歩自分の意見を構築していく練習をする上で、最適だと思います。

　自分の意見を英語で書くとき、どちらの側に立って意見を述べようとも、入試では全く問題になりません。「こんな意見を言ったら、入試採点者の意見とちがうので反感を持たれて、大きく減点されるんじゃないかな」と忖度する人がいるかもしれませんが、そんな忖度は無用です。どのような主張であっても、しっかりとした論理構成を持ち、文法・語法的に正しい英語で書かれていれば、それは得点になります。そもそも日本は、世界の先進的民主主義国の1つであり、国の一番の根幹をなす法律である憲法でも「思想の自由・言論の自由・表現の自由」は保証されているわけですから、

安心して自分の思う所を書いてください。もしかりに君の書いた自由英作文が、その政治的立場や社会的主張に優劣をつけられて採点されたりしたら、それは一種の検閲です。「検閲は、これをしてはならない」と憲法の条文にもあります。社会の公器である大学がそんなことをしたら、社会的大問題になるでしょう。ですから安心して自分の思う所を書いてください。

「自分の思う所」と今言いましたが、それは必ずしも君の本心である必要はありません。英語答案として、自分の英語の欠点が隠せて、高得点を望める方の立場を選んで書けばいいのです。簡単に書けるほうの立場を選んでください、ということです。自分の主張する立場が必ずしも自分の真の意見でなくてもかまわないのです。その点では英語ディベイトと似ていますね。

なお、この5題の問題の解答例として、それぞれ、賛成と反対の意見が併記されています。それは単に代表的な賛否の意見を提示したものに過ぎません。過去に教えた生徒たちのたくさんの答案から抽出したものです。著者である安武内ひろしの意見ではありません。私の個人的意見はこの本のどこにも書いてありません。念のため。

Lesson 19

動物園に動物を閉じ込めるのは虐待ではないのか？

—*****—

ここからは、第1章で学んだことを君が自分で応用していきます。様々な問題が登場して、答えに窮することもあるかもしれませんが、頑張ってください。君が最初にこの本を書店で手に取った時から比べると、かなり自由英作文の書き方が身についてきているのを今、実感していると思います。

語彙に関しては、出てきた語句で知らないもの、書けないものは、必ず単語カードに書き写して覚える作業をしてください。最後は語彙力がものを言います。

実践Q 1 「動物園に動物を閉じ込めるのは虐待である」という見解について、あなたの意見を40〜60語の英語で書きなさい。

★まず君の「主張」を書きます。

 語彙のヒント

● 動物　　　wild animals

ここでの「動物」は家畜やペットではなく野生動物なので、必ず **wild** animals と表現すること。盲点だけど重要。2回目からはanimals / they / themに代えてよい。

● 檻（おり）　cages

● 閉じ込める　・put→　　put 野生動物 in cages

　　　　　　　・shut up→ shut 野生動物 up in cages

　　　　　　　・lock up→ lock 野生動物 up in cages

新型コロナの感染爆発などで街を封鎖し社会機能を制限するのはlock down / shut downです。

● 狭い場所　　○ small places / small cages

　　　　　　　× narrow places　× small space

narrowは「幅が狭い」。面積が小さいという意味にならない。

spaceは「空き地・余地」。ここでは使えない。

● 牢獄　　　a prison / a jail

● 虐待　　　abuse / maltreatment / bad treatment

abuseはab（～から離れた）＋use（適正な利用）、maltreatment
はmal（悪い）＋treatment（処遇）です。
- 虐待される　be abused / be maltreated / be treated badly
- 処遇　　　　treatment（不可算名詞）

問1

以下の空欄に君の「主張」を実際に英語で書いてください。

....

....

....

問1 解答例

《賛成意見》

・I agree that keeping wild animals in zoos is a form of animal abuse.

・I agree with the view that the zoo is a prison for wild animals.

・Capturing wild animals and putting them in a small area [cage] in the zoo is cruel treatment for them, and I'm strongly opposed to the practice.

《反対意見》

・I don't agree with the view that the zoo is a prison for wild animals.

・I support keeping wild animals in zoos.

・I think that keeping wild animals in zoos is a very good idea.

解説　◆名詞の単数・複数と冠詞の有無について◆

この問題では「野生動物」「動物園」「虐待」などの名詞が出てきます。日本語とちがって英語では、名詞は単数形にするか、複数形にするかを選ばなければなりません。名詞の直前に置く冠詞についても、（1）何もつけない、（2）aをつける、（3）theをつける、の3通りがあります。どう考えて使い分けたらいいのでしょうか？

簡単な例で説明します。「バナナ」です。英語でバナナを表すには5通りあります：

① banana
② **a** banana
③ **the** banana
④ banana**s**
⑤ **the** banana**s**

この5つは全部意味がちがいます！
びっくりしている人もいると思いますが、1つずつ説明します。

① bananaはすりつぶしたり、エッセンスだけ抽出したりして、もはやバナナの原形をとどめてない場合に使います。1本としてのまとまりを失っている場合です。

② a bananaのaは、数学の「順列・組み合わせ・確率」などでよく聞く「任意の1つ」を意味します。バナナの集合（例えば部屋の隅の段ボール箱に入っているバナナの房）の中から、任意の1本を取ってきたり、説明したりする場合です。I took a banana out of the box, and ate it.「箱からバナナ1本取り出して食べた」。A friend (of mine) called me.「私の全友人のうちの1人が電話をかけてきた」＝友だちから電話があった。

③ the bananaのtheは「読者の皆さんが、または聴衆の皆さんが、すでにご承知のあのバナナ」とか「ほら、皆さんももうご存知のそのバナナ」の意味です。
突然に「the＋単数形の名詞」が文中に登場した場合には、「この世でただ1つの」の意味が加味されます。Hiroshi is **the** man I love.は「ひろしは、私が愛する世界でただ1人の男性です」。the man＝the only manということです。

④ bananasの形が自由英作文では一番よく出てきます。このtheなしの複数形は「一般論」を展開するときに使います。「一般論」とは「たいていの〜は…だ」「ふつう、〜は…する」のように、大ざっぱな傾向・性質を述べる文のことです。たとえば「バナナは甘い」という表現は一般論です。「たいていのバナナは甘い（甘くないのもたまにはある）」という意味です。そのときにこの形を使います：Bananas are sweet.「バナナというものは甘いものですよ」。これは個別の、ある特定のバナナのことは語っていません。
要するに「一般論」とは、「個別・特殊」とは対極にある「一般・普遍」的なことを描写する書き方のことです。第3講でもやりましたね。「電子辞書は**自分にとっては使いやすい**」と言うのか、それとも「電子辞書は**一般的に（誰にとっても）**使いやすい」と言うのか、という問題でしたが、対象を「私という個人に限定する」

126

書き方ではなくて、「誰にでも当てはまる」書き方が「一般論」です。

⑤ the bananasのtheも、③で説明したtheの用法と同じです。すなわち「読者の皆さん、または聴衆の皆さんがすでにご承知のあれらのバナナ」とか「ほら、皆さんももうご存知のそれらのバナナ」の意味です。

突然に「the＋**複数形の名詞**」が文中に登場した場合には、「全部の」の意味が加味されます。I ate the bananas in the box.「箱の中のバナナは全部食べたよ」。the bananas＝all the bananasということです。

これで解説は終わり、ではありません。不可算名詞の場合も説明します。

不可算名詞というのは、1つ2つと数えられない種類の名詞のことです。大ざっぱには、気体（酸素・煙・空気など）、粉末（砂糖・小麦粉・塩など）、液体（水・アルコール・ソース・雨など）、鉱物・素材（石炭・布地・セメントなど）、抽象概念（自由・平和・平等など）、簡単に言うと1個という目に見える基本単位がないもののことです。

不可算名詞の場合には原則、「冠詞なしの単数形」で使います。

たとえば「アルコール」はalcoholです。しかしながら「ある特定のアルコール」について言及する場合にはthe をつけます：

Alcohol is bad for your health.
アルコールは健康に悪い。
The alcohol I drank last night gave me a terrible hangover.
昨晩飲んだアルコールのせいで私はひどい二日酔いだった。
➡「昨晩飲んだアルコール」は特定のアルコール飲料です。

同様に一般的な意味で「自由」という語を使うときにはtheのないfreedomです。しかしある特定の状況での「自由」の場合にはtheが付きます。

Most young people want freedom when they leave home.
たいていの若者は自由を求めて家を出る。
He did not take advantage of the freedom his ex-wife gave him in the marriage.
前妻と暮らしていた時に与えられていた夫婦の間の自由を彼は悪用しなかった。
➡「前妻と暮らしていた時に与えられていた夫婦の間の自由」は、ある特定の状況での「自由」ですからtheが必要です。

「水」も一般的にはwaterですが、「ある特定の水」のときにはthe waterになります：
the water in the kettle「やかんの中の水」。

君が英作文を書いているときにわからなくなったら、このページに戻って上の①〜⑤のルールを確認してください。

解説 ◆実践問題1での名詞の単・複と冠詞の有無について◆

実践Q 1 ではwild animal「野生動物」、zoo「動物園」、abuse「虐待」の3つの名詞が出てきますね。どういう形で使うべきでしょうか？

まず、この問題は「一般論」です。つまり「一般的に動物園という場所で、野生動物たちを飼育すること」について述べているわけです。ですから、原則theはつきません。次に、「数えられるか数えられないか」ですが、

・wild animal「野生動物」→可算名詞なので、一般論の場合は**theなしの複数形**にする。
・zoo「動物園」→可算名詞なので、一般論の場合は**theなしの複数形**にする。
・abuse「虐待」→不可算名詞なので、一般論の場合は**theなしの単数形**にする。

したがって、

「野生動物」	**wild animals**
「動物園」	**zoos**
「虐待」	**abuse**

の形を使います。

上で述べたように、「一般に野生動物・動物園というもの」という表現は「一般論」なので、wild animalsやzoos（the 無しの複数形）を使うのが原則です。しかし、文章の初めの書き出し部分では、ちょっとかしこまって（＝公式の表現にして）、一般論ではありながらthe wild animalやthe zoo（theをつけた単数形）を使うこともあり得ます。公式文書（官公庁の文書や科学論文など）でよく見かける表現です。2回目からはwild animalsやzoosに戻します。

さらに「動物園」という語に限って言えば、ふつう「動物園」という語を聞けば、自分が住んでいる地元の動物園をイメージするでしょう。近くの特定の動物園です（例えば東京の人なら上野動物園、北海道の人なら札幌円山動物園か旭山動物園、名古屋の人なら東山動植物園、神戸の人なら神戸どうぶつ王国など）。なので習慣的にthe zooと言うことも多いです。I went to **the** supermarket just a while ago.（さっきスーパーに行った）などのtheと同じ用法、「私がいつも利用している、家から一番近いスーパー」という意味です。

そういう例外があっても『「一般論」のときには「可算名詞はtheのつかない複数形」』

128

を使え』というのが、君がいま絶対に覚えるべきルールです。

実践Q 1 に戻ります。

★ 次に「根拠」を書きます。

解説 ◆論旨展開について◆

「ペットの動物が人間に飼育されるのはまったく虐待ではない。だから野生動物が飼育されるのも虐待ではない」というような、ペットと野生動物を乱暴に同一視して自分の意見を組み立てると、まるで説得力のない主張になってしまいます。過去数万年の間、人間に慣れ親しんで、進んで人間と共生してきたペットと、人間には慣れず自然界で自分の人生を生きる野生動物とは、根本的にちがう種類の生物であることを踏まえて論旨展開することが必要です。意見というのは大勢の人を論理的に説得できるものでなければなりません。

◆どんな「根拠」になるのか？

（１）「動物園で野生動物を飼うのは虐待」という意見に賛成の「根拠」

動物園の野生動物は、大自然の本来の生活環境を奪われて、自分の家族や群れから引き離され、狭い所に入れられて、人間の好奇の目にいつも曝されている。
大ざっぱにまとめれば「**本来の大自然の社会生活環境から引き離され、自由を奪われ人工的な居住環境に閉じ込められている**ので虐待だ」ということですね。

問2

上の太字部分の内容に沿った英語を、以下の空欄に書いてください。（つまり太字部分の要旨を英訳しなさい）。そのとき、以下の語彙のヒントを参照してかまいません。

問2 解答例

Captured wild animals are forced to live in artificial surroundings like zoos. They are deprived of their freedom and separated from their relatives and familiar natural environment.

（2）「動物園で野生動物を飼うのは虐待」という意見に反対の「根拠」

動物園の野生動物は、飢えの心配がなく、天敵からの攻撃の心配もなく、けがや病気のときは治療してもらえる。人間にとっては、貴重な絶滅危惧種を絶滅から救うこともでき、身近に野生動物を観察することもできる。

大ざっぱにまとめれば、「野生動物の個体を物理的に生存させられ、種の保存も確保できるので虐待ではない」ということですね。

問3

上の太字部分の内容に沿った英語を、以下の空欄に書いてください。（つまり太字部分の要旨を英訳しなさい）。そのとき、以下の語彙のヒントを参照してかまいません。

....

....

....

....

問3 解答例

Wild animals kept in zoos don't have to worry about starvation or attacks from their predators [natural enemies]. If they fall ill or get injured, their animal doctors [veterinarians / vets] can treat them.

◆必要な用語をしっかり定着させよう

語彙のヒント

- 本来の生活環境　　their natural habitats「生息地域」
  - their natural environment「自然環境」
  - their natural surroundings「自然環境」
- 故郷　　their native land (通常は人間について使う)
- 野生で・自然環境下で　in the wild
- ～を追いかける　　chase / run after ～
- ～を捕まえる　　capture / catch ～
- ～から遠く離れて　　remote from ～ / far away from ～
- ～を奪われる　　be deprived of ～
- ～から連れ去られる　be taken out of ～
  - be taken away from ～
  - be carried away from ～
- ～へと連れ去られる　be taken away to ～
  - be carried away to ～
  - be sent to ～
- ～から離される　　be separated from ～
- 群れ　　their group
  - their family and relatives
- 家族と親戚　　(families and) relatives (relativesには家族も含まれる。通常は人間について使う)
- ～の危険がある　　be in danger of ～
- 絶滅　　extinction
- 絶滅危惧種の動物　　endangered animal species
- ～を飼う　　keep ～
- 身近に　　close [near] at hand / up close
- ～を観察する　　observe ～ / study ～
- ～だと想定してみよう　Suppose ～
- 受け入れられない・許されない　unacceptable
- 人工の　　artificial
- 干渉せず～をそのままにしておく　leave ～ alone
- 心から　　wholeheartedly / strongly
- 天敵　　predators / their natural enemy
- ～の心配がない　　don't have to worry about ～

- 飢え・餓死 　　　　　 starvation / hunger
- 飢える・餓え死にする 　starve (to death) / die of hunger
- 獣医 　　　　　　　　 a vet / a veterinarian / an animal doctor
- 優良な生活環境 　　　　a good living environment

語彙定着問題

以下の空欄に適切な語句を1語ずつ書き入れなさい。わからない人は上の語彙の
ヒントを見てもかまいません。

1. 野生動物は自分がなじんでいる自然環境から連れ去られる。
Wild animals are taken out of their (　　　　　　　　) natural
(　　　　　　　　).

2. 野生動物は自分の家族や群れに二度と会えない。
Wild animals will (　　　　) be (　　　　) to see their family and
relatives again.

3. 動物園で飼育することにより、絶滅危惧種を保護できる。
We can save (　　　　　　　　) animal species from
(　　　　　　　　) by (　　　　　　　　) them in zoos.

4. 動物園では、動物は天敵からの攻撃の心配がない
Animals in the zoo don't (　　　　) (　　) worry about their
(　　　　　　　) attacking them.

5. 人間は野生動物を自然環境の中にそっとしておくべきだ。
People should just (　　　　) wild animals (　　　　　) in the wild.

132

語彙定着問題 解答

1. Wild animals are taken out of their (familiar) natural (habitats / environment / surroundings).

2. Wild animals will (never) be (able) to see their family and relatives again.

3. We can save (endangered) animal species from (extinction) by (keeping) them in zoos.

4. Animals in the zoo don't (have / need) (to) worry about their (predators / natural enemies) attacking them.

5. People should just (leave) wild animals (alone) in the wild.

★ いよいよ答案を完成させます。

問4

以下の空欄に、君の「主張」＋「根拠」を英語で書き、それに続けて、もし必要なら「具体例・詳細説明」も加えて40〜60語で答案を完成させなさい。

実践A 1 解答例

♥ 「動物園で野生動物を飼うのは虐待」という意見に賛成

In zoos, wild animals are treated badly and should not be kept there. They are only happy when they are living in their natural habitats. They could physically live in artificial surroundings like modern zoos, but they are not at all happy because they are deprived of their freedom and separated from their relatives and familiar natural environment.　(58 words)

♥ 「動物園で野生動物を飼うのは虐待」という意見に賛成

I wholeheartedly [strongly] agree that keeping wild animals in zoos is a form of animal abuse.　Wild animals are chased and captured, taken out of their natural habitats and sent all the way to a totally different environment. They are put into small areas [enclosures] or cages there, and they will never be able to see their family again.　(57 words)

♥動物園で野生動物を飼うのは虐待」という意見に賛成

The zoo is just a prison for wild animals. Suppose you are living happily with your family in familiar surroundings, and suddenly you are captured by human hunters and taken away to a totally different environment, isolated [cut off] from your family and your native land. This would be unacceptable. People should just leave wild animals alone in the wild.　(58 words)

◆「動物園で野生動物を飼うのは虐待」という意見に反対

　　I support keeping wild animals in zoos. One of the important purposes of zoos is to save endangered species from extinction, and another purpose is to see wild animals up close. As long as we provide them with a good living environment, I don't think there is any problem with zoos. （51 words）

◆「動物園で野生動物を飼うのは虐待」という意見に反対

　　I don't agree with the view that the zoo is a prison for wild animals. There are many predators out in the wild, and animals are always in danger of their predators attacking and eating them. Zoos, on the other hand, are safe and comfortable. Animals don't have to worry about starvation. Wild animals are protected there. （57 words）

➡ out in the wildは、up on the roof（上の屋上に）とかdown in the basement（下の地下室に）と同じように、初めに大ざっぱな方向を言ってから次に詳しく説明する言い方。

この講の、上の5つの解答には、どれも第2文の書き出しで使うThis is becauseがありません。気づいていましたか？　This is becauseは、次に「根拠」が来ますよ、という合図の役割を担っていますが、前にも述べたように、英語では「主張」の文が来ると、その次には「根拠」の文が来るというのがいわば自明のことなので、わざわざThis is becauseと言わなくてもわかります。そのため、This is becauseは省略してしまってもかまわないのです。慣れてきたらこういう書き方も試してみてください。

Lesson 20
ほんとうに音楽に国境はないのか？

「音楽には国境がない」ということばをよく聞きますが、それについてあなたの見解を50 ～ 60語の英語の文章を書きなさい。ただし次の2語を（順不同でよい）必ずそのままの形で使用すること：appreciate / universal

➡「順不同」とは、どういう順番で使ってもOKということです。

この出題形式は英検の準1級や2級でもよく見かけるものですね。与えられた英単語（通常は2語か3語）を使って自由英作文を書かせる問題です。どんなことを書いたらいいのか思案に暮れている人にとっては、有益なヒントになります。また採点者側にとっても、これによって君たちの答案の内容を大ざっぱに方向付けできるので、採点が楽になります。

★まず「音楽には国境がない」という表現が何を表しているのかを考えます。

「音楽には国境がない」とは、どんな言語を話す国の人でも、良い音楽、美しい音楽を聴けば等しくそれが素晴らしい音楽だと感じられ、誰でも楽しめる、つまり国境の壁、言葉の壁を音楽は越えられる、という意味ですね。

★次に2語の意味を確認します。

appreciateは、大ざっぱに言えば、

① （ものが持っている本当の価値を）評価する・鑑賞する
② （重要性・危険・困難を）十分に認識する
③ 感謝する

の3つの意味があります。ここでは①の意味で使います。次のような使い方です。

appreciate music	音楽を鑑賞する・音楽を楽しむ
appreciate the song	その歌を深く理解する
appreciate the lyrics	歌詞が十分にわかる

universalの意味は、

①誰にも当てはまるような・万人に共通の

②すべてに影響するような・全般的な
③あらゆる所にあるような・遍在する
④宇宙の・全自然界の
などですが、ここでは①の意味で使います。次のような使い方です。

music is universal	音楽は世界共通
a good sensation is universal	快感は万人共通
universal experience of humankind	人類の普遍的経験
universal agreement	全会一致

★君の「主張」を書きます。

 語彙のヒント

● 国境　**borders**（通常、複数形で使うことが多い）
● 障壁　**barriers**（通常、複数形で使うことが多い）

問1

以下の空欄に君の「主張」を実際に英語で書きなさい。

....

....

➡もちろん、賛成・反対どちらの立場で書いてもかまいません。

問1 解答例
《賛成》

・**I agree with the statement "music has no borders."**
・**I support the idea that music has no language barriers.**
・**I believe that music has no borders.**

➡1行目の文で、the statementと"music has no borders"は隣同士になっ
ていますね。名詞が2つ隣同士になっているときには、「同格」の関係になるこ
とが多いです。my brother John（私の弟のジョン）のような感じです。つま

り2つの名詞を並べるだけで「すなわち」の意味が出ます。いやいや、"music has no borders"は名詞じゃなくて文だ、と思っている人も多いと思いますが、英語では"〜"で括られた部分は何であってもすべて名詞です。「〜」という事・「〜」という言葉、という意味になりますから。

もちろん、the statement **that** music has no bordersのように「同格を表す接続詞」のthatを使ってもかまいません。

《反対》
・I am against the view that music has no language barriers.
・I disagree with the statement "music has no borders."
・In my opinion, music does have borders.

→music **does have** はmusic **has**を強調した形です。

★ 次に「根拠」を書きます。

解説 ◆論旨展開について◆

この問題で一番重要なのは、「音楽」と何気にひとくくりにしてありますが、実は「歌詞」を伴う歌と、楽器だけで形成される楽曲では話がまるでちがうということです。もし歌詞がある曲ならば、その歌詞の言語を知らない人にとっては何を歌っているのかまるでちんぷんかんぷんでしょうし、一方、歌詞がない曲であれば、**ビート・リズム・メロディなどに対する反応は、おそらく世界のどの国の人でも同じであり、どんな人でもその音楽を楽しめ**ると思います。

したがって、「賛成」の立場で書く場合には、意図的にmusicという語を使って歌詞の存在をぼやかし、逆に「反対」の場合には、意図的にsongsやlyrics「歌詞」という語を使って歌詞が存在することを印象づけたらいいと思います。

「音楽には国境がない」というのはたとえ（比喩表現）ですから、paraphrasingのワザを使って「音楽には国境がない」の意味を説明するのもいい考えだと思います。

◆どんな「根拠」になるのか？

（１）「音楽に国境はない」という意見に賛成の「根拠」

問2

前ページの太字下線部分の内容に沿った英語を、以下の空欄に書いてください。（つまり太字下線部分の要旨を英訳しなさい）。そのとき、以下の語彙のヒントを参照してかまいません。

....

....

問2 解答例

Music is universal, and anyone in the world [people of any nationality] can enjoy the beats, rhythms and melodies of music.

（２）「音楽に国境はない」という意見に反対の「根拠」

歌の歌詞が書かれている言語を知らないと、その歌の内容を深い意味では理解することができない。歌手が何を訴えかけようとしているのかまるでわからず、せっかくのメッセージが心に響かない。

問3

上の太字下線部分の内容に沿った英語を、以下の空欄に書いてください。（つまり太字部分の要旨を英訳しなさい）。そのとき、以下の語彙のヒントを参照してかまいません。

....

....

問3 解答例

If you don't understand the language in which a song is sung [is written], you don't appreciate it on a deeper level.

語彙のヒント

- 主張・意見・見解　a statement / an opinion / a view / an idea
- 誰でも　anyone / anybody
- その言語がわかる　understand the language
  　　　　　　　　can read ［speak］ the language
- 国境なしの　borderless
- 強い拍子（強い連続音）beat
- リズム　rhythm
- 旋律　melody（可算と不可算の両方の用法がある）
- 音楽　music（不可算名詞なので複数形はなく、aもつけられない）
- クラシック音楽　classical music　➡×classic musicではなくて
  　　　　　　　　　　　　　　　　　　　classical music
- 流行りの音楽　pop music　➡ × popsという英語はない
- 民族音楽　ethnic music（ethnicとethic「倫理」を混同しないように）
- ジャズ　jazz
- 歌詞　lyrics（複数形で使う）
- 要素　elements
- 〜に関係なく　regardless of 〜
- 魅力的な　appealing / attractive / impressive
- 国籍　nationality
- 言語障壁　language barriers（barrierの綴りを正確に）
- 表面的には　superficially / on the surface
- メッセージを伝える　convey a message / get a message across
- 作詞作曲家　a songwriter
- 〜する限りは　as long as ［文］（「最低限の条件」を表す）
- 例えば〜のような　like 〜 / such as 〜
- 〜のわけがわからない　you have no clue ［no idea］（of）〜
  　　　　　　　　　　　you can't make sense of 〜
  　　　　　　　　　　　you can't figure out 〜
  　　　　　　　　　　　you don't understand 〜
  　　　　　　　　　　　➡understandは通常can'tではなくdon'tと一緒に使っ
  　　　　　　　　　　　　て「理解できない」の意味になる
- 文化背景　the cultural context ［background］
- 深いレベルで　on ［at］ a deep level

語彙定着問題

以下の空欄に適切な語句を1語ずつ書き入れなさい。わからない人は、上の語彙のヒントを見てもかまいません。

1. 世界中の誰もがさまざまな種類の音楽を楽しめる。
Anyone in the world can enjoy (　　　　　　) (　　　　　) of music.

2. 自分の言語に関係なく、誰もが音楽を楽しめる。
Anyone can (　　　　　　　　) music (　　　　　　　　) of the language they speak.

3. たとえ知らない言語で歌詞が書かれていたとしても、
(　　　　) if the (　　　　　) are written (　　　) languages they don't know.

4. 歌手がどんなメッセージを伝えようとしているのかさっぱりわからない。
You have no (　　　　　) what (　　　　　　　) the singers are trying to (　　　　　　) .

語彙定着問題 解答

1. 世界中の誰もがさまざまな種類の音楽を楽しめる。
Anyone in the world can enjoy (various / different) (kinds / sorts) of music.

2. 自分の言語に関係なく、誰もが音楽を楽しめる。
Anyone can (appreciate / enjoy) music (regardless) of the language they speak.

3. たとえ知らない言語で歌詞が書かれていたとしても、
(even) if the (lyrics / songs) are written (in) languages they don't know

4. 歌手がどんなメッセージを伝えようとしているのかさっぱりわからない。
You have no (clue / idea) what (messages) the singers are trying to (convey / communicate) .

> ★ いよいよ答案を完成させます。

問1

以下の空欄に、君の「主張」＋「根拠」を英語で書き、それに続けて「具体例・詳細説明」も書いて50 ～ 60語で答案を完成させなさい。

....

....

....

....

....

実践A 2 解答例

♥「音楽には国境がない」に賛成

I believe the saying "music has no borders" is true, which means that anyone in the world, regardless of their nationalities, can appreciate any kind of music. For example, we can enjoy European classical music, American pop, British rock and African ethnic music. This is because music has universal elements like rhythm, beat and melody. (55 words)

➡ , which meansのwhichは前文の中の特定の名詞ではなくて、もっと広い範囲を指しているwhichです。ここでは"music has no borders"を指しています。これは必ず高校で履修する内容です。忘れちゃった人は、自分が持っている英文法の参考書をもう一度見てください。「直前文の内容を受ける関係代名詞のwhich」とか「関係代名詞whichの非制限用法」とかの項目のところで解説されていると思います。

142

♥ 「音楽には国境がない」に賛成

I agree with the view that music has no borders, which means that anyone in the world can <u>appreciate</u> various kinds of music. Books can only be enjoyed by people who read the language they are written in, but music is <u>universal</u>, and anyone in the world can enjoy the beats, rhythms and melodies of music.　(52 words)

♥ 「音楽には国境がない」に賛成

I agree with the statement "music has no borders." It means that anyone can <u>appreciate</u> music regardless of the language they speak. People can enjoy songs even if the lyrics are written in languages they don't know.　This may be because such things as beat, rhythm and melody are <u>universal</u> and make music appealing to people of any nationality.　(59 words)

◆ 「音楽には国境がない」に反対

I disagree with the idea that music is borderless, or <u>universal</u>. People may like a foreign song superficially, but they actually don't understand its deeper meaning.　Songwriters typically write lyrics to express strong opinions or feelings. Without some understanding of the language or the cultural context, it is impossible to <u>appreciate</u> the song on a deeper level. (57 words)

Lesson 20

→borderless, or universalのorは「つまり・すなわち」の意味です。「または」ではありません。

◆「音楽には国境がない」に反対

I disagree with the idea that music has no borders. Music may be universal as long as it contains no language—like classical music and jazz, but how can you appreciate songs with lyrics if you don't know the language? You have no clue what messages the singers are trying to convey. (52 words)

解説 《ダッシュ（―）の使い方》

ダッシュ（―）はハイフン2つ分（--）の長さで、両側の文字との間にはスペース（余白）を開けません。どういうときに使うかというと、大ざっぱには

> ①文の途中で他の語句を挿入するとき（2本のダッシュで挟む）
> ②「つまり」の意味を出したいとき（1本のダッシュでつなぐ）

ここの、it contains no language—like classical music and jazzは②の用法です。

日本はもっと外国人労働者を入れるべきか？

実践Q 3

Do you think it is a good idea for Japan to accept many more workers from abroad? Write your answer in 50-70 words of English

この問題ではworkers from abroad「外国からの労働者＝外国人労働者」と書いてありますが、外国人労働者はimmigrants「移民」とはちがいます。「外国人労働者」はworking visa（労働ヴィザ）を日本政府からもらって、一定の期間（1年、3年、5年など）の間、日本で合法的に許可された職種の労働に携わる人たちのことで、日本政府から認められた在留期間を超えて日本に滞在することはできません。もしそうすると不法滞在者として出入国管理局（＝入管）によって逮捕されてしまいます。

観光や学生として日本に入国した外国人は日本で合法的に働くこともできません。一方、移民は日本政府から永住権をもらって日本にずっと住んだり自由に働いたりできる人たちのことです。そして日本に帰化申請して受理されれば正式に日本人にもなれます。

外国人労働者の問題として生じうる問題は、同国人で群れ集まり、日本語を進んで学んで話そうとせず、日本に同化しようともせず、日本の文化や慣習や伝統も尊重しない、日本の法律を順守せず犯罪を犯す、などなどです。大量の外国人が（特に移民として）入ってくれば、その国固有の文化や伝統を根本から破壊してしまう危険性があることは、現在のヨーロッパ諸国の惨状を見ればすぐにわかります。日本人がやりたがらない低賃金労働をやる点は、一部の日本人経営者にとってはありがたいでしょうが、労働斡旋業者や受け入れ先の日本企業が外国人労働者の賃金をピンハネしたり、違法に酷使したりする悪質な事例もよく耳にします。これは「技能研修生」という名前で日本に入国する外国人労働者の身にしばしば起こっていることです。

★ まず君の「主張」を書きます。

どちらの立場でもかまいません。

1．外国人労働者のさらなる大量受け入れに賛成
2．外国人労働者のさらなる大量受け入れに反対

→論題（＝主張）が英語で書いてあるので、paraphrasing（言い換え）をします。
・It is a good idea for Japan to accept... → Japan should accept...

145

・accept many more <u>workers from abroad</u>→ <u>allow</u> a lot more <u>foreign people</u> to workまたは<u>welcome</u> many more <u>workers from overseas</u>

➡英語の言い換えはしなくても減点にはならないと思いますから、あまり神経質になる必要はありません。

| 解説 | ◆「さらに、より大量の外国人労働者」 |

・<u>大量</u>の外国人労働者　　**many** workers from abroad
　　↓
・<u>より大量</u>の外国人労働者　　**more** workers from abroad
　　　　　　　　　　　　　　　（manyの比較級がmore）

　　↓
・<u>さらにより大量</u>の労働者　　**even** more workers from abroad
　　　　　　　　　　　　　　　a lot more workers from abroad
　　　　　　　　　　　　　　　many more workers from abroad
　　　　　　　　　　　　　　　far more workers from other countries

(even / a lot / manyは、manyの比較級であるmoreを強調する副詞)
(×) <u>much</u> more workers from abroad
➡manyの比較級であるmoreをmuchで修飾することはできない

➡上のmanyとmuchとmoreの関係はややこしくて、また私大入試の文法問題では高い頻度で出題されるので、よく理解する必要があります。

問1

以下の空欄に、外国人労働者の受け入れに関する君の「主張」を、英語で書いてください。

....

....

問1 解答例

《賛成》

　・Japan should welcome many more workers from overseas.

　・Japan should allow many more people from abroad to live and work in Japan as legal workers.

　・Japan should increase the number of people from other countries it allows to live and work here.

《反対》

　・Japan should never accept more workers from abroad.

　・If Japan fully opened its gates [doors] to foreign workers [laborers] and allowed them to come to work here, the result would be terrible [disastrous].

　・Japan should maintain the current number of immigrants it allows to settle in this country.

➡ foreignersという語は「差別的」だとして嫌う英米人が少なからずいるので、foreign people / people from abroad / people from other countriesを代わりに使うことをお勧めします。

> ★ 次に「根拠」（＋「具体例・詳細説明」）を書きます。

（1）賛成の根拠

外国人労働者のさらなる受け入れに賛成する人はたぶん経済的理由をあげると思います。外国人労働者が日本で働けば、働くだけでなく、商品やサービスも買ってくれるので日本の産業に貢献することになるし、所得税や消費税といった税金も払ってくれるので日本国や自治体も助けてくれる。特に少子高齢化が進む日本では、労働力が減り、お金を稼ぐ人とお金を使う人の数が減るので、その結果、国や地方自治体に入るべき税金収入が減ってしまう。そこを外国人労働者の援軍で埋めて日本全体を活性化しようじゃないかという意見です。つまり、労働者、消費者、納税者としての役割を外国人労働者に期待しているわけですね。

問2

上の太字下線部分の内容に沿った英語を、以下の空欄に書いてください。（つまり太字部分の要旨を英訳しなさい）。そのとき、以下の語彙のヒントを参照してかまいません。

問2 解答例

・If workers from abroad work in Japan, they will contribute to Japan's industries not only by working but also by buying goods and services. They will also help the central and local governments by paying taxes.

・Foreign workers in this country contribute to their communities by doing jobs many local people do not want and by paying taxes.

（2）反対の根拠

日本で定職に就いて働きたいと願う外国人は、たいていがとても貧しい環境で生まれ育って、お金を切実に必要としている人たちであって、日本の文化や伝統が大好きでたまらないから日本で働きたいんですという人は少ない。その結果、日本というまったく異質で新しい環境・文化・社会に馴染めず、日常の慣習や人との付き合い方や宗教観の違いから、地域の日本人と深刻な対立を引き起こす恐れがある。外国人は日本という新しい土地では文化的になかなかなじめない。言語がちがう上に、伝統がまるでちがうし、経済レベルもちがうし、生活習慣もちがうし、宗教もちがうので、同化するのは想像以上にむずかしい。しかも日本に順応・同化しようなどとは初めから思わず、単に金稼ぎができればいいと思って入国してくる人たちも少なくない。その結果、日常レベルで、日本のあちこちで異文化の衝突が起こる。さらに言えば、日本に来る外国人労働者は全員が善意の人たちではなく、その中には麻薬密売人、人身売買業者、外国政府からのスパイ、テロリストなどの犯罪人も混じっているかもしれず、日本社会の治安が悪化する危険性がある、という意見ですね。

問3

上の太字下線部分の内容に沿った英語を、以下の空欄に書いてください。(つまり太字部分の要旨を英訳しなさい)。そのとき、以下の語彙のヒントを参照してかまいません。

....

....

....

....

....

....

問3 解答例

Most people who want to come to Japan to work are very poor and financially in trouble. They are not especially interested in Japanese culture, tradition or society. Therefore, they will have trouble adapting to the new environment. Their customs, religious practices and social behavior may be totally different from ours, and it may cause a serious conflict between them and us.

これらの根拠を英語で書こうとするときに、君の頭に去来することは何でしょうか? おそらく「そんなむずかしい内容なんて、英語でなんか書けないよ」だろうと思います。でもむずかしく書く必要はありません。文構造は中3くらいのレベルの英語でいいのです。語彙も何とか工夫して高1くらいのレベルの語を駆使して書けば何とかなります。もっとも、専門語彙には代替がきかないものもあるので、いくつか覚えておかなければならない語句もあります。

この問3の解答例では、必ず知っていて、いつでもすぐに使えなければならない熟語表現は、

be interested in / have trouble 〜 ing / adapt to / be different from

/ cause
あたりです。
語彙（名詞）では、
culture / tradition / society / environment / customs / religion / behavior / conflict
あたりは必須です。これらはすぐに使えるようにしておく必要があります。

この第21講の問題は、語彙が一番むずかしいと思いますが、あきらめずに食い下がってください。語彙力を上昇させるために、ていねいな語彙のヒントを以下に掲げました。先ずこれを詳しく勉強して、できるだけ覚えながらこの問題に取り組みましょう。右側の英語部分を白紙で隠して、その白紙の上に英語の答えを書いていき、正解と照らし合わせると早く覚えられます。もちろん単語カードに書き写すのも忘れずに。これらの語彙は長文読解でもよく出てくるものばかりです。

🖉 語彙のヒント

- 少子化   the decreasing birthrate（低下する出生率）
               the shrinking population（縮みゆく人口）
- 高齢化   aging society（高齢化社会）
               the rising number of elderly people（増える高齢者）
- 労働力   workforce［work force］/ labor force / the number of workers
- 合法労働者   legal workers←→illegal workers（不法労働者）
- 税収・歳入   tax revenues / tax yields / government income（どれか1つ覚える）
- 減る   decrease / shrink / decline / be reduced / go down / fall
- 新生児   new-born babies
- 重荷   burden
- ～に重荷を負わせる   put［place］a burden on 人
- 重税   a heavy tax burden / high taxes（tax は可算・不可算の両方あり）
- 産業   industries（様々な分野を想定しているときは複数形）
- 企業   companies / businesses
- 政府と地方自治体   the central and local governments
- 財政   finance
- ものやサービス   things［goods］and services
- ～に寄与する   contribute to ～ / help ～
- 経済を活性化する   stimulate the economy（stimulateは「刺激を与える」）
               revitalize［improve］the economy

	revitalizeは「活性化する」
	boost the economy（boostは「高める」）
	the economyのtheは「日本の」経済という意味。
● 病院にかかる	see the doctor（theはかかりつけの主治医を表す）
	receive medical care
● 税金を払う pay taxes	（所得税・消費税・固定資産税等いろいろあるので複数形）
● 消費・支出	spending / expenditure（どちらも不可算）
● 新しい雇用を作る	create new job opportunities / create more jobs
● 経済的に困窮している	be in financial difficulty / be tight for money / be faced with financial instability / have financial difficulties / have money problems（どれか1つ覚える）
● 生活が向上する	become better off（well offは「暮らし向きがよい」）
● 日本に移住する	move to Japan
● ～に適応する	adapt to ～
	adjust to ～
	get used to / get accustomed to ～
● ～に同化する	assimilate to ～
● 文化と伝統 culture and tradition	（不可算名詞。一般的な意味のときは無冠詞）
● 慣習	customs（集団全員で遵守している習慣）
● 宗教的慣習	religious practices（practiceは「実践」）
● 経済レベル	financial level / economic level
● 衝突・紛争	a conflict
● 破壊的な・破滅的な	disastrous（disaster「大災害」の形容詞形）
● 犯罪人	criminals / bad people
● 人身売買人	human traffickers
● 麻薬密売人	drug dealers
● スパイ	spies / agents
● テロリスト	terrorists
● 破壊活動 subversive activities	（subversiveは「体制を転覆させようとする」）
● 法と秩序	law and order（一般的意味なのでどちらも無冠詞）
● 治安を維持する	maintain the peace and order
● 社会を不安定にする	make society unstable（←→stableは「安定した状態の」）
	disturb the order of society
	shake the social stability（stabilityは「安定」）

以下の空欄に、君の「主張」＋「根拠」＋「具体例・詳細説明」を書いて50～70語で答案を完成させなさい。

ただし、答案を実際に書き出す前に、上の ✏ 語彙のヒント をまず自習し、その定着度を測るために、下の 語彙定着問題 を先にやってから、この 問4 に戻って書き始めてください。

....

....

....

....

....

....

語彙定着問題

以下の空欄に適切な語句を1語ずつ書き入れなさい。

1. 日本に来るたいていの外国人労働者はとても貧しくお金に困っている。
Most workers （　　　　　　） from abroad to Japan are very poor and financially （　　　　　）.

2. 外国人労働者は日本での生活に適応するのに苦労する。
Workers from abroad have （　　　　　　） getting
（　　　　　　　　　） to life in Japan.

3. 日常的慣習や宗教的な慣習がわれわれ日本人の慣習とはまるでちがっている。
Their （　　　　　　） and religious practices are totally different from （　　　）.

4. それが深刻な対立を引き起こすかもしれない。

That may cause a serious (　　　　　) between them and (　　).

5. 少数であるにせよ、犯罪者、つまり麻薬密売人やら人身売買者、テロリスト、政治スパイなどがいて、その人たちは日本社会を不安定にしようとするかもしれない。

There are a few who are criminals like drug dealers, human traffickers, terrorists, or political (　　　　　), who might try to make society (　　　　　).

6. そうなると、現在日本人が享受しているような社会の法と秩序を維持するのが難しくなるだろう。

It would be difficult to (　　　　　) law and (　　　　) as we are enjoying in Japan now.

7. 外国人労働者は、税金を払うことで、日本政府と地方自治体の財政に役立つ。

By paying taxes, they will help the (　　　　　) of the central and (　　　　) governments.

8. 日本では高齢者の数が増え、新生児の数が減っている。

There are more (　　　　　) people and (　　　　) new-born babies in Japan.

語彙定着問題 解答

1. 日本に来るたいていの外国人労働者は貧乏で金に困っている。

Most workers (coming) from abroad to Japan are financially (in trouble / unstable).

2. 外国人労働者は日本の環境に適応し、同化するのに苦労する。

Workers from abroad have (trouble / difficulty) getting (used / accustomed) to life in Jpan.

3. 日常的慣習や宗教的な慣習がわれわれ日本人の慣習とはまるでちがっている。

Their (customs) and religious practices are totally different from (ours).

➡different from ours のoursは、our customs and religious practices を指す。

4. それが深刻な対立を引き起こすかもしれない。

That may cause a serious（conflict）between them and（us）.

5. 少数であるにせよ、犯罪者、つまり麻薬密売人やら人身売買者、テロリスト、政治スパイなどがいて、その人たちは日本社会を不安定にしようとするかもしれない。

There are a few who are criminals like drug dealers, human traffickers, terrorists, or political（spies / agents）, who might try to make society（unstable）.

6. そうなると、現在日本人が享受しているような社会の法と秩序を維持するのが難しくなるだろう。

It would be difficult to（maintain）law and（order）as we are enjoying in Japan now.

7. 外国人労働者は、税金を払うことで、日本政府と地方自治体の財政に役立つ。

By paying taxes, they will help the（finances）of the central and（local）governments.

→ 「財政」はfinances（複数形）

→ localには「田舎」の意味はありません。「地元の」という意味。「田舎の」はrural。

8. 日本では高齢者の数が増え、新生児の数が減っている。

There are more（elderly）people and（fewer）new-born babies in Japan.

→ babiesは可算名詞なので、little（少量の）の比較級lessではなくてfew（少数の）の比較級fewerを用いるのが正しい。

★いよいよ答案を完成させます。

154

問5

以下の空欄に、君の「主張」＋「根拠」＋「具体例・詳細説明」を書いて50〜70語で答案を完成させなさい。

....

....

....

....

....

実践A 3 解答例

解答例① ♥さらなる外国人労働者受け入れに賛成

Japan should accept many more workers from abroad. This is because workers from abroad will stimulate the economy. They work and pay income tax. They buy goods and services and pay consumption tax. They rent apartments, go to restaurants, get haircuts, receive medical care, and watch movies in theaters. All of these expenses will improve Japan's economy, and create more jobs. （61 words）

➡専門的な用語が多くて書けないと感じた人は、もっとやさしい言い方に変えることができます。たとえば、

pay income tax → pay some of their salaries to the government
receive medical care → go to see the doctor

解答例② ♥さらなる外国人労働者受け入れに賛成

　　　Japan should accept many more people from abroad who want to live
and work in Japan as legal workers. If they work, they will contribute to
Japan's economy. By paying taxes, they will improve the finances of the
central and local governments. Also, they will help to boost sales at many
businesses by purchasing goods and services. （53 words）

➡taxesが複数形になっているのは、所得税、消費税、酒税などいろいろあるから。

➡they will improve the finances of the central and local governmentsとい
　う表現がむずかし過ぎて自分で書けそうもない人は、they will help Japanese
　government in many waysでもよい。

➡they will help to boost sales at many businessesという表現がむずかし過
　ぎて自分で書けそうもない人は、they will help many Japanese companies
　でもよい。

解答例③ ♥さらなる外国人労働者受け入れに賛成

　　　Japan should accept many more workers from abroad. There are
more elderly people and fewer new-born babies in Japan. This means less
tax money coming into the government as fewer young people are entering
the workforce. If more foreign workers were allowed to work in Japan,
they would pay taxes to the Japanese government, so young Japanese
workers might not have to pay as much tax as they do now. （70 words）

➡多くの外国人労働者が日本で働き、生活することによって、たくさんの税金を払い、
　その結果日本人の若年労働者の重税感が和らぐという意見。

156

解答例④　◆さらなる外国人労働者受け入れに反対

　　　Japan should never accept many workers from abroad. Most people who want to come to Japan are very poor. They are not always interested in Japanese culture or traditions. Therefore, they will have trouble getting used to life here. Their customs and religious practices may be totally different from ours, which may create tension [conflicts] between some foreign people and the local Japanese.　(62 words)

➡日本人と在留外国人の間に激しい異文化衝突が起こる

解答例⑤　◆さらなる外国人労働者受け入れに反対

　　　If Japan fully opened its gates to foreigners and allowed them to come to work here, the result would be terrible [disastrous] . Most of them may be good, but some are bad people who refuse to follow Japanese customs, or even break the law. If we accepted too many foreign people, Japan would not enjoy as much social order or safety as it does now.　(67 words)

…

➡一部の犯罪人が不法行為を働き、犯罪を犯し、日本の治安が悪くなる。

➡第1文と最終文は仮定法過去（If…動詞過去形…, …would…）。

➡as it does now = as Japan enjoys now

Lesson 22
鯨を食べるのと牛を食べるのはどっちが罪深い？

鯨を食べるのと牛を食べるのとではどちらがより罪深いことだと思いますか？　あなたの意見を70 ～ 90語の英語にまとめなさい。

この問題では「罪深さ」が焦点になっています。「罪深い」とは、道徳的に（＝倫理的に）正しくない、という意味ですね。つまり、「人間が食用にするために、鯨を殺すのと牛を殺すのとでは、人間としてどちらがよりまちがった行為なのか？」ということです。

答えのパターンは4通りあります。

①牛を食べる方が、鯨を食べるよりも罪深い。
②鯨を食べる方が、牛を食べるよりも罪深い。
③どちらも同じくらい罪深い。
④どちらも同じくらい正しい（＝罪深くない）。

しかし通常は①か②を選びます。その方が牛と鯨の対比が際立って、英語を書きやすいからです。

★まず「主張」を英語で書きます。

①でも②でも語彙は入れ替わりますが、文の構造は同じなので、①でやっていきます。

問1

①「牛を食べる方が鯨を食べるよりももっと罪深い」を英語で書きなさい。

解説

問1 の解答としてよく見かけるまちがいには、以下のようなものがあります。どこがまちがっているのかチェックしてください。

× It is worse to eat cows than to eat whales.
× To eat beef is worse than to eat whale meat.

1つ目の文ではto eat **cows** / to eat **whales**の所がまちがいです。名詞の可算・不可算の説明のところ（p.125）で言ったように、「1つというまとまりで認識されるものは可算名詞になり、1つ、もしくは2つ以上に区分けされる」。例えばパソコンは1台（a PC）、または2台以上（PCs）に区分けされます。逆に言えば、「1つというまとまり」が感じられないものは不可算名詞になり、aとか ―sとかは付けられません。

ここでの「牛」は1頭、2頭…ではなく、1頭の牛の体の一部分の肉片である「牛肉」にすぎませんから、ふつうとちがって不可算名詞になります。つまりa cow / cowsではなくてcowです。そして英語では実際にはcowの代わりにbeefという便利なことばがありますからそれを使います。同様に「鯨肉」はa whale / whalesではなくてwhale meatと言います。eat a cowと言うと「牛1頭食べる」という意味になってしまいます。

2つ目の文では「主語にはto不定詞は用いられない」という文法規則に違反しています。中学のときに「to不定詞の名詞的用法」という項目でto＋動詞原形を「〜すること」と教わったと思いますが、これは主語には適用できません。不定詞（＝to＋動詞原形）を主語の位置で用いるのは、現代英語では不適切とされています。まだ一部の中学・高校では、不定詞を主語にした例文を説明したりしているところもあるようですが、それは現代ではほぼまちがいです。不定詞を主語にしないで、代わりに動名詞を主語にするのが正しい書き方です。

例文
　　× To study English every day is hard.
　　◎ Studying English every day is hard.
　　◎ It is hard to study English every day.

昔の英語（英語の古文）やことわざなどでは不定詞を主語として使っている文を見かけますが、君の英作文では書かないようにしましょう。

ことわざ ◎ To live is to learn.（生きることは学ぶこと）

ですからこの問題でも、

　　× To eat beef is worse than to eat whale meat.
　　◎ Eating beef is worse than eating whale meat.

さらに、比較する2つのもの同士は同じ形でなければいけないので、次の文もまちが

いです。

　　× Eating beef is worse than <u>to eat whale meat</u>.

問1 解答例

・**Eating beef is worse〔more sinful〕than eating whale meat.**

➡「罪深い」は和英辞典を引くとbad / immoral / morally wrong / sinfulと出ています。sinfulは「神の摂理・教義に背くような」という意味で、キリスト教では「汝、牛肉を食べるべからず」とは規定していませんから、厳密に言えば、sinfulという語は、この問題ではややそぐわない感じもありますが、君の答案ではそんなに細かすぎるところまで考えなくてもいいでしょう。sinfulという語を使ってもOKです。

・**Eating beef would be more morally wrong than eating whale meat.**

➡wouldは「もし仮に牛肉を食べたとすれば」という空想を述べる仮定法の用法です。仮定法を使わずに、Eating beef <u>is</u>と言ってもかまいません。

・**It is more immoral <u>to eat beef</u> than (it is) to eat whale meat.**

➡これは「仮主語（形式主語）構文」と呼ばれますが、真主語の位置（上の下線部）にto-不定詞が来るのはOKです。

★**次に「根拠」（＋「具体例・詳細説明」）を書きます。**

問2

以下の①～②のどちらか1つを選んで、その根拠を日本語で以下の空欄に書きなさい。
①牛を食べる方が、鯨を食べるよりも罪深い。
②鯨を食べる方が、牛を食べるよりも罪深い。

....

....

私（あぶないひろし）が考えた根拠は以下の通り：

①牛を食べる方が、鯨を食べるよりも罪深い。

（1）牛を飼育するには大量の水と穀物を消費しなければいけないので環境に負荷がかかる。

（2）牛はゲップやおならで、大量のメタンガスを空気中に放出する。1頭から出るメタンガスは微量でも地球規模では無視できない量になる。メタンガスは地球温暖化の元凶の1つである。

（3）同じ量の肉を取るのに、鯨なら1頭を殺せば済むところを、牛なら約100頭を殺さねばならない。つまり100倍の命を奪うことになる。

（4）牛は人間により近く、人間に似た感情を持っている（――本当に、鯨より牛の方が人間に似た感情を持っているのかどうかはわかりませんが、1つの論拠としてはOKです）。

②鯨を食べる方が、牛を食べるよりも罪深い。

（1）鯨は食物連鎖の最上位に位置しているので、鯨の体内には水銀などの重金属が蓄積されていて、鯨肉を摂取すると人体に有害である。

（2）鯨は数が減少し絶滅が危惧されているから捕鯨は全面禁止すべし、と国際捕鯨委員会（the IWC）が言っている。（――ただし日本はすでにIWCからは脱退していて、IWCの規定には縛られていない）。

（3）鯨（そしてイルカ）の屠殺の仕方が残虐だ、と民間団体のシー・シェパードが言っている。

（4）鯨は牛よりも知能が高く、知能が高い動物は食べるべきでない。

（5）鯨は巨大動物なので頭数が激減すると海洋生物生態系への影響が大きい。

解説

客観的事実を求めて調べてみると、君が書いた「根拠」が、実は事実には基づいていないとわかることがあります。それについてはどう考えるべきでしょうか？

上の「②鯨を食べる方が、牛を食べるよりも罪深い」の(1)～(4)の根拠がどのくらい事実と合致しているのか（正しいのか）を、試しにチェックしてみることにします。

(1) 生物の食物連鎖の一番上に鯨が存在しているので、鯨の体内に水銀などが蓄積されるというのは事実ですが、水銀の蓄積部位は主に肝臓などの（人間が食用にしない）内臓であり、またもし人間が摂取しても、一定量は排出されるので、特に問題にはならないようです。

(2) （参考）水産庁のホームページによれば、「鯨は絶滅が危惧されている」というのは正確ではなく、鯨のうち一部の種が絶滅危惧種だということです。シロナガスクジラは絶滅に瀕していますが、ミンククジラ、マッコウクジラなどはたくさん生息しています。

(3) （参考）和歌山県太地町のホームページによれば2008年12月以降、太地町のイルカ追い込み漁では、デンマークのフェロー諸島で行なわれている補殺方法を採用し、補殺にかかる時間は約10秒になっています。また東大の林良博教授によれば1996年現在で（だいぶ古いデータですが）捕鯨では爆発銛（もり）が使われ、ミンククジラの捕殺時間（絶命までの時間）は平均で1～2分しかかからないということです。

(4) 鯨が牛よりも知能が高いのかどうかについては科学的なデータがありません。そもそも「知能」とは何かについて一般的合意もありません。また「頭がいい動物を食べるべきではない」のかどうかは個人の主観的な判断の問題であって何とも言えません。

ここからは結論です。
君の意見はできる限り客観的な事実に基づいて書かれるべきですが、でも科学論文ではありませんから、あまり厳密性を気にする必要はありません。また、ある意見を言えば、必ずそれに対する反論は存在し得ます。ですから反論は気にせず、誰が見ても非常識極まりない、という意見以外は、自由に自分の意見を展開してかまいません。それなりに論旨が整っていて、わかりやすく正しい英語で書かれていればOKです。

この問題ではおよそ以下のような根拠に基づいて、英語を書けばいいでしょう。

《根拠のまとめ》
①牛を食べる方が、鯨を食べるよりも罪深いと主張するときの根拠：
牛は、大量の水と穀物を消費するし、温室効果ガスであるメタンガスも大量の放出する。さらに、旺盛な牛肉需要に応えるためには、牛の牧場造成用に森林も切り開かねばならない。

②鯨を食べる方が、牛を食べるよりも罪深いと主張するときの根拠：
鯨は個体数が減少しているので、その鯨を人間が捕獲して食べるのは良くない。さらに鯨は巨大で海洋生態系で重要な役割を果たしている。もし頭数が減少すると海洋全体への影響も大きいだろう。

問3

上のそれぞれの太字部分の内容に沿った英語を、以下の空欄に書いてください。(つまり太字部分の要旨を英訳しなさい)。そのとき、以下の語彙のヒントを参照してかまいません。

①

②

問3 解答例①

Cows drink a lot of water, eat plenty of grain and emit a lot of methane gas, which is one of the most harmful greenhouse gases. Also, in order to meet the growing demand for beef, people have to clear [cut down] large areas of forests and turn it into pasture.

問3 解答例②

The number of whales is now decreasing, so you should not consume their meat. Also, whales are huge and play a vital role in marine ecosystems. Any changes to their numbers can have a very bad impact on the oceans.

この問題も語彙がむずかしいので、語彙力をつけるために下の語彙のヒントをじっく

り勉強して、必要な語句は単語カードも作って覚え込んでください。語彙力が向上すると、いろいろなことが英語で表現できるようになり、楽しくなります。つまり、君の英語表現力が君の頭脳の中の高い思考レベルに追いつくわけですね。

綴りが正確に書けることも大切です。右側を白紙で隠して、左側の日本語を見て英語を白紙の上に書いていって、そのあと右側の英語と比べるのがよい方法です。それをやった後で、定着度を測るために、さらにその下の 語彙定着問題 もやります。

✏️ 語彙のヒント

- 鯨　　　　　（動物として）a whale / whales　（肉として）whale meat / whale
- 牛　　　　　（動物として）a cow / cows　（肉として）beef
- 罪深い　　　　bad / sinful / terrible / immoral / morally wrong
- 摂取・消費　　intake / consumption / eating
- 牛肉の摂取　　（個人が）intake of beef / eating beef
- 牛肉の消費　　（個人・社会が）the consumption of beef / beef consumption
- 牛肉の需要　　demand for beef
- ～を満たす　　meet / satisfy
- 牛たち　　　　（牛の群れ）cattle（集合名詞と呼ばれ、--sはないが複数扱い）/ cows
- メタンガス　　methane（発音はメセインに近い）
- 放出する　　　give off / emit / release
- 有害な　　　　harmful
- 地球温暖化　　global warming（冠詞をつけない）
- 地球温暖化ガス　a greenhouse gas（CO_2、メタン、フロン、亜酸化窒素など）。gasは「気体」だが、種類をイメージしている場合は可算名詞
- 多量の～　　　large amounts of ～
- 穀物　　　　　grain（米・麦・トウモロコシ・豆・あわ・ひえ・キビ）粒を言うときは可算名詞になる。
  rice / wheat（小麦）/ barley（大麦）はいつも不可算名詞
- 森林伐採　　　deforestation（de+forest+ation）forestは 森林・密林 / the cutting down of forests
- ～を切り開く　clear（「明らかな」ではなく動詞）/ cut down
- 放牧地　　　　pasture
- 上記のことを考慮すると　considering the above,
- それはすなわち　that is,
- 頭数　　　　　numbers

● 頭数を抑える	keep the number small
●（数が）減る	drop / fall / dwindle / go down
● ～に悪い影響を与える	have a negative impact [influence] on ～
	have a bad effect on ～（「与える」だが×giveではなく ◎have）
● 価値・値打ち	value
● 魂・心	a soul
● 同量・対応する量	equivalent（形容詞「同等の」も同じ形）
● ～を犠牲にして	at the cost of ～ / at the expense of ～
● 高い知能	high intelligence
● 倫理的見地からすると	from a moral perspective [viewpoint]
● 絶滅危惧種	endangered species（単数：a species　複数：species）
● 絶滅	extinction（形容詞はextinct）
● 絶滅に瀕している	be in danger of extinction / be about to die out
● 屠殺（とさつ）	killing / slaughter（発音は [英] スローター、[米] スラーラー）
● 屠殺する	slaughter / kill
● 残酷な	cruel / brutal
● ～に重要な役割を果たす	play a vital role in ～ / play an essential part in ～
● ～を控える・やめる	refrain from ～
● 国際捕鯨委員会	the International Whaling Commission（the IWC）
● 全面禁止	a total ban / a complete prohibition
● 海洋生態系	ocean ecology / marine ecosystems
● 動物愛護	protection of animals
● 調べる・検証する	examine
● 家族を愛する	love their family members
● 自由を享受する	enjoy being free / enjoy freedom
● 食用植物	edible plants
● ２万種	twenty thousand species / 20,000 species
● 動物を傷つける	harm [injure / hurt] animals
● 動物	creatures / animals
● 平和に協調して	in peace and harmony
● 子孫	offspring
● 食物を得る	feed themselves
● ～せざるを得ない	have no choice but to 動詞原形

以下の空欄に適切な語句を1語ずつ書き入れなさい。

1. 牛肉を消費する方が鯨肉よりも環境には悪い影響を与える。
Beef（　　　　　　　　　　　） has a worse effect on the
（　　　　　　　　　　　） than whale consumption.

2. 牛は莫大な量の水と穀物を消費する。
Cattle（　　　　　）a lot of water and eat large amounts of（　　　　　）.

3. 100頭の動物を殺すことは、1頭の動物を殺すのと比べて100倍も罪深い。
Killing one hundred animals is one hundred （　　　　　） as immoral
（　　　） killing one animal.

4. 1頭の鯨を殺すことによって100頭以上の牛の肉と同等の肉を得られる。
By killing one whale, you can get the equivalent of the （　　　　） of
more than 100 （　　　　）.

5. 絶滅の危機に直面しているどんな動物の肉を消費するのも、道徳的にまちがっ
   ている。
It is （　　　　　　　） wrong to consume the meat of （　　　） animal
that is facing （　　　　　　　　　）.

6. 動物愛護の観点からすれば、牛を殺すにしても鯨を殺すにしても、どちらも同
   じくらい罪深い。
Eating beef is as bad as eating whale meat from the
（　　　　　　　　） of the （　　　　　　　　　　　） of animals.

語彙定着問題 解答

1. 牛肉を消費する方が鯨肉を消費するよりも環境には悪い影響を与える。

Beef (consumption) has a worse effect on the (environment) than whale consumption.

2. 牛は莫大な量の水と穀物を消費する。

Cattle (drink / consume) a lot of water and eat large amounts of (grain).

3. 100頭の動物を殺すことは、1頭の動物を殺すのと比べて100倍も罪深い。

Killing one hundred animals is one hundred (times) as immoral (as) killing one animal.

4. 1頭の鯨を殺すことによって100頭以上の牛の肉と同等の肉を得られる。

By killing one whale, you can get the equivalent of the (meat) of more than 100 (cows).

5. 絶滅の危機に直面しているどんな動物の肉を消費するのも、道徳的にまちがっている。

It is (morally) wrong to consume the meat of (any) animal that is facing (extinction).

6. 動物愛護の観点からすれば、牛を殺すにしても鯨を殺すにしても、どちらも同じくらい罪深い。

Eating beef is as bad as eating whale meat from the (viewpoint / perspective) of the (protection) of animals.

★いよいよ答案を完成させます。

問4

以下の空欄に、君の「主張」+「根拠」+「具体例・詳細説明」を書いて70～90語で答案を完成させなさい。どう書き進めていったらいいのか思案してしまう人は、罫線のさらに下に「論旨展開のヒント」がありますから、それを参照して矢印に沿って書いてみてください。

解説　◆論旨展開のすじみち◆

①牛を食べる方が罪深い→牛の飼育は環境に有害→牛は温室効果ガスを放出する→大量の水と穀物を消費する→牛の放牧をするために森林も切り開かねばならない。

②牛を食べる方が罪深い→どの生物も魂を持っている→100頭の動物を殺すことは1頭の動物を殺すよりも100倍罪深い→鯨1頭で牛肉100頭分の肉が取れる→殺される動物全体の頭数を減らすべき。

③鯨を食べる方が罪深い→絶滅しそうな動物を食べるのは良くない→鯨は個体数が減少している→鯨は巨大なので、頭数が減少すると海洋生態系全体への影響が大きい。

④どちらがより罪深いか、という問いかけ自体がおかしい。他の生物の命を奪うという点ではどちらも同じくらい罪深い→牛も鯨も自分の家族と愛情でつながっている→自由に生きたいと思っている→人間は地球上に生育する2万種以上の食用植物だけを食べても生存していける→どんな動物でも人間の都合で殺すのは罪深いことだ。

実践A　4　解答例 （それぞれの先頭の丸番号が論旨展開のヒントの丸番号と対応）

◆①牛を食べる方が悪い

　　　Eating beef is worse than eating whale meat. This is because beef consumption has a much worse impact on the environment. Cows drink a lot of water, eat large amounts of grain and emit a lot of methane gas, which is one of the most harmful greenhouse gases. Also, in order to meet the growing demand for beef, people have to clear large areas of forests and turn it into pasture. Considering the above, people around the world should eat less beef to protect the environment. （85 words）

➡牛の飼育は環境に有害。牛は温室効果ガスを放出し、大量の水と穀物を飲み食いする。牛の放牧をするために森林も切り開かねばならない。

◆②牛を食べる方が悪い

Eating beef is more morally wrong than eating whale meat. Every creature, whether big or small, has value. Killing one hundred animals is one hundred times as sinful as killing one animal. If you kill one whale, you can get the equivalent of the meat of about 100 cows. That is, you are saving 100 creatures at the cost of one. If human beings have no choice but to eat animal meat, they should minimize the number of animals (which are) killed [slaughtered].　(80 words)

➡成人1人の体重は40kg～90kg、つまり0.04t～0.09t（トン）。牛1頭は0.6t～0.8t。一方、鯨の体重は、ザトウクジラが40t、マッコウクジラが50t、シロナガスクジラが150t。ということは鯨の体重が牛の約100倍なので、鯨1頭と同量の肉を得るには、牛なら約100頭殺さなければならない計算になる。

◆③鯨を食べる方が悪い

It is worse to eat whale meat than beef from a moral perspective. First, it is wrong to consume the meat of any animal which is in danger of extinction, and the number of whales is now falling. Secondly, whales are huge and play a vital role in marine ecosystems. Any changes to their numbers can have a very bad impact on the oceans. For these reasons, people should refrain from consuming whale meat.　(74 words)

➡箇条書きした2つの根拠（FirstとSecondly）は、
（1）鯨は個体数が減少し絶滅が危惧されている
（2）鯨は巨大動物なので頭数が減少すると海洋生態系への影響が大きい

➡最終文で「主張」を繰り返したのは、語数条件（70語以上）を満たすための窮余の一策。これも一種の「増量作戦」。

◆④牛を食べるのも鯨を食べるのも同罪

　　Eating beef is as bad as eating whale meat from the viewpoint of the protection of animals. Let's examine whales and cows. Which animal seeks to protect its offspring? Which animal enjoys being free? Which animal wants to survive? The answer, of course, is both of them. There are over 20,000 species of edible plants in the world, so there's no need for us to harm animals in order to feed ourselves. Humans and animals should share this planet in peace and harmony.　（83 words）

➡これは菜食主義者的な意見：
牛も鯨も自分の家族と愛情でつながって自由に生きたいと思っている。食用に動物の命を奪うのは罪深い。地球上に生育する2万種以上の食用植物だけでも人間は生きていける。

Lesson 23
3点セットの型を少しくずして書く

—*****—

従来のマスメディアがいいか、新興のSNS (Social Media) がいいか?

日本でも新聞や地上波テレビ、週刊誌などの旧来のメディアに対して、Twitter, Facebook, YouTube, TikTok, Instagram, ニコニコ動画など、Social Mediaと呼ばれる、新しい形のニュース・情報のプラットフォームがネット上に創設され、隆盛を誇っています。あなたは日本や世界の正確な情報を得るのにどちらの媒体が優れていると思いますか?それはなぜですか? 60 〜 80語の英語で説明しなさい。

昔からマスコミは偏向していると右からも左からも言われてきました。実際、客観的で中立的な立場に立って、確定した事実だけを報道するのは、言うのは簡単ですが、実際にはむずかしいですね。

1つには、報道する側が、どうしても自分の政治的立場からひいき目に状況を見てしまうからです。さらに一部の報道機関は、起こった事実を正確に人々に伝えるよりも、自社の政治的主張を人々に伝える方に力点を置くところもあります。

2つ目は、特に最近は、特定の外国政府から多額のお金をもらって、その国に有利なようにニュースを歪めて伝えてしまうという話もよく聞きます。また報道機関のスタッフの中に外国人勢力が浸透して、報道現場がその意向になかなか逆らえないという話もあります。

3つ目は、例えば米国では従来の3大TVネットワーク(ABC、NBC、CBS)とCNN、そしてNew York Times, Washington Postなどの日刊紙、さらにTwitter, Facebook, YouTubeなどのウェブサイトがたった5つの超巨大企業(5つとも民主党支持)によって独占されていて、それに逆らうとまったく何も報道されないという、とんでもないことが起こっています。米国の巨大寡占民間企業による全世界の人々への一種の検閲が進んでいる状況ですね。2020年の米大統領選では共和党トランプ大統領のTwitter, Facebookなどのアカウントがすべて停止されてしまったことは君もよく知っていると思います。日本でもYouTubeにアップした一部の動画が停止になったり広告がつかず収入が激減したりして、トランプ→寅さん、バイデン→梅田さんor梅さんorやばいでん、ヒラリー・クリントン→ひらひら栗きんとん、新型コロナ→はやり病いor例の病気、中国→C国、習近平→クマのプーさんなど、言い換えで苦労していた政治系ユーチューバーも多くいました。

★まず「主張」を書きます。

この **実践Q 5** の日本語を、大ざっぱに英語にすると以下のようになります：

Which media do you think gives you better and more accurate news and information, traditional mass media or the web? Write your view in 60-80 words of English.

◆「主張」は理論上、5通りあります。
①従来の地上波TV・新聞の方が、ウェブより良い
②ウェブの方が、従来の地上波TV・新聞よりも良い
③どちらも良い
④どちらも良くない
⑤どちらとも言えない

ふつうは①または②を選びます。2つの媒体を比較しながら対照的に述べられるので書きやすいからです。

③「どちらも良い」は、ちょっと能天気すぎる気がします。しかも英文は「私は両方のニュース媒体とも便利なので、満足しています」で終わってしまうので、内容をふくらませにくいです。

④「どちらも良くない」はそれぞれの欠陥を書き出せば、答案として大丈夫そうです。

⑤「どちらとも言えない」は、おそらく地上波ＴＶの中にも良い局・番組と良くない局・番組があり、またウェブの中にも良いものと良くないものがある、という主張かも知れませんが、話が込み入ってきて、この語数ではまとまらない恐れが大きいです。

問1

あなたの主張を英語で書きなさい。ただし、上の①か②のどちらかを選ぶこと。

⋯⋯⋯

⋯⋯⋯

問1 解答例

① **I think traditional mass media give you better and more accurate news and information than the web.**

173

② **I think the web gives you better and more accurate news and information than traditional mass media.**

➡mass mediaはふつう複数形として取り扱います。

➡youではなくてmeにしてもいいですが、意味が多少変わります。youの場合は「一般論」、つまり「一般の人に」の意味ですが、meにすると「私に」、つまり自分の個人的な話になります。ここでのyouは「目の前のあなたに」という意味ではありません。「一般に人に」の意味です。

➡文頭のI think（that）は言っても言わなくてもいいです。これは君が書いている文章ですから、君の意見、つまり君が考えていることだというのは読み手にはわかります。逆に答案の中で何度もI thinkを繰り返すと、自信に欠けた弱々しい印象を与えることになります。「私としてはこう考えますが…（他の人はたぶんちがう意見ですよね）」というニュアンスです。君が主張すべき方向はそれとは逆で、「私の意見はこうです。他の人たちもみんな私の意見に賛同してくれています」です。弱々しい意見は英語では避けなければなりません。

★次に「根拠」を考えます。

問2

以下の１、２の主張のうちどちらか1つを選んで番号に○をつけ、その根拠を2つ考えて下の空欄に日本語で書きなさい。

　　１．従来の地上波TV・新聞の方が、ウェブより良い
　　２．ウェブの方が、従来の地上波TV・新聞よりも良い

・根拠1

....

・根拠2

....

私（あぶないひろし）が考えた根拠は以下の通り：

１．従来の地上波TV・新聞の方が、ウェブより良いとする根拠

・新聞・TV には長年の積み重ねからくる安定感があり、信頼できる。ウェブは
　どこの誰が発信しているのか不明なので責任の所在が曖昧。
・新聞・TVは資金が潤沢なので取材に十分なお金をかけられる。

２．ウェブの方が、従来の地上波TV・新聞よりも良いとする根拠

・旧来のマスコミは各方面にしがらみがあって偏向記事やフェイクニュース、ま
　た意図的な情報隠ぺいが多い。ウェブの方が無限とも言えるほどの情報量を持
　ち、信頼度が高い。
・事件や事故の直接当事者が、スマホなどでその場ですぐに動画・記事をアップ
　できるソーシャルメディア やニュースサイト、ユーチューブの方が即時性が
　高く、臨場感がある（2011年の東日本大震災の時にネットにアップされた映
　像など）。

★「根拠」（＋「具体例・詳細説明」）を英語で書きます。

問3

以下の①と②は、上でいろいろ考えた「根拠」から取ってきたものです。それぞ
れの下線部分の要旨を英語にしなさい。下の語彙のヒントを参照してもかまいま
せん。

①従来の地上波TV・新聞の方が、ウェブより良いとする根拠：
新聞・TV などの既存のマスコミは、長年の積み重ねからくる安定感があり、その
報道は信頼できる。

....

....

....

②ウェブの方が、従来の地上波TV・新聞よりも良いとする根拠：
従来のマスコミとちがって、ネットでは無限の量の情報が手に入る。気が済むま

で何時間でも、どんな話題もネットで調べることができる。

....

....

....

問3 ① 解答例

　　Traditional mass media like major newspapers and TV have been reporting news for a long time, and have proven its trustworthiness.

問3 ② 解答例

　　Unlike traditional mass media, an unlimited amount of information is available on the web. You can research any topic you want on the net as thoroughly and for as long as you like.

語彙のヒント

● ネット	the Internet（the internetと小文字で書く人もいる）
● ウェブ	the web（ネットとウェブは同じ）
● ネットで	on the Internet / on the web（前置詞はonです、注意！）
● SNS	Social Networking Services（Facebook / Twitterなど） SNSよりもsocial mediaという言い方の方がふつう
● ユーチューブ	YouTube
● インスタ	Instagram
● ニュースを報道する	report news
● 〜を調べる・検索する	research / search for / look for 〜 / do research on 〜
● 事実を検索する	search for facts / look for facts
● 旧来の・従来の	traditional / conventional / old
● マスコミ	mass media / the old media / MSM（=Main Stream Media）形式上はmediaはa mediumの複数形だが、「マスコミ・マスメディア」の意味ではmediaの形を使い、単数にも複数にも扱われる（複数がふつう）。
● 営業している	be in business
● 証明する	prove

- 公表する .... publish
- 信頼性 .... reliability / trustworthiness (←trustworthy) /
  dependability（←dependable）
- ～を信頼する　　　　trust ～ / count on ～
  rely on 人 for こと（ことを人に）頼る
  ➡relyの代わりにdepend, countでも良い
- 別の方法で .... in other ways
- 情報経路 .... channels
- 情報源 .... sources
- 庶民 .... ordinary people
- じかに見聞きした状態で firsthand
- アップする .... post (photos, videos and news reports)
- これにより　　　　　(in) this way
- ～を供給する　　　　supply
- ニセの、フェイクの .... fake（名詞も同じ→a fake）/ inaccurate
- 政治的に偏向した .... politically biased
- 話題 .... a topic / a subject
- 徹底的に　　　　　　thoroughly / completely
- 形式・型　　　　　　a format / a type
- 理解を深める　　　　enhance [deepen] your understanding

語彙定着問題

以下の空欄に適切な語句を1語ずつ書き入れなさい。

1. 主要な新聞・テレビなどの従来のマスコミの方がニュース源としては優れている。
Traditional (　　　　　) like major newspapers and TV are better
(　　　　　) for news.

2. 私たちは知りたい話題を、徹底的に、何時間でも気の済むまで調べることがで
きる。
We can research any topic we want as (　　　　　　　) and for
as (　　　) as we like.
➡このweは昔の人と対置される「現代人の私たち」。weの代わりにyou（一般の
人）にしてもよい。

3. 古いマスコミによって提供されるニュースは時としてフェイクだと私たちは
　知っている。

We now learn that the traditional news (　　　　　　　　) by the
old media is sometimes (　　　　).

4. 今、世界の至る所で起こっていることについての情報を得る、別の情報経路を
　私たちは持っている。

We have other (　　　　　　　) to get information on what's going
on (　　　　　) the world.

語彙定着問題 解答

1. 主要な新聞・テレビなどの従来のマスコミの方がニュース源としては優れている。
**Traditional (media) like major newspapers and TV are better (sources)
for news.**

2. 私たちは、知りたい話題を徹底的に、何時間でも気の済むまで調べることがで
　きる。
**We can research any topic we want as (thoroughly) and for as (long)
as we like.**

3. 古いマスコミによって提供されるニュースは時としてフェイクだと私たちは
　知っている。
**We now learn that the traditional news (supplied / given / broadcast
/ reported) by the old media is sometimes (inaccurate / fake).**

4. 今、世界の至る所で起こっていることについての情報を得る、別の情報経路を
　私たちは持っている。
**We have other (channels) to get information on what's going on (around
/ throughout) the world.**
➡2語でよければaround / throughoutの代わりにall overも使える

★いよいよ答案を完成させます。

問4

以下の空欄に、君の「主張」＋「根拠」＋「具体例・詳細説明」を書いて、60
〜 80語で **実践Q 5** の答案を完成させなさい。

....

....

....

....

....

....

....

◆基本の3点セットの形式をくずして書いてもよい

ここでは「主張」「根拠」「具体例・詳細説明」の3点セットの形式から外れる変則的
な書き方についても少し見ていきます。

実践A 5 解答例① ♥旧来のマスメディアの方がよい

I think that traditional mass media are better than social media on the web when you get news and information. This is because mass media have been reporting news for a long time, and most mass media organizations are trusted sources of news. For example, they have more than enough money and professional staff to cover any news in the world. (62 words)

➡この解答例は基本的な形式（＝3点セット）を踏襲しています。

実践A 5 解答例② ♥旧来のマスメディアの方がよい

The Internet allows anyone to publish anything at all, and that makes it very difficult to determine the accuracy of information you find online. That's why I feel that traditional media like major newspapers and TV are better sources for news. Many of these have been in business for a long time, and have proven their trustworthiness over time. Traditional mass media are where you should go to get news you can trust. (68 words)

➡このwhereはthe place whereと同じです。「先行詞(the place)を内に含んだ関係副詞」です。例文を挙げると：

例文
This is where I live.
「これが私の住んでいる所です」
Page 20 was where we ended last time.
「前回は20ページまでで終わりでした」
That's where you are wrong.
「そこが君のまちがっているところだ」

➡️最終文の後半は省略語句を補うと次のようになります。 // のところで切れます：
where you should go // (in order) to get news (which) you can trust

解説

自由英作文の書き方の基本はいわゆる3点セット（主張＋根拠＋具体例）で、その書き方を習得することはとても大事です。一方で、その形式に十分慣れてきたら、少し手を加えてアレンジすることもまた可能です。上の解答例では、「主張」と「根拠」の位置が逆になっているのに気づきましたか？ふつうなら以下のように書くところです：

[I feel that traditional media like major newspapers and TV are better sources for news.] **This is because** the Internet allows anyone to publish anything at all, and that makes it very difficult to determine the accuracy of information you find online.

始めの[ ]部が「主張」で、次の下線部が「根拠」です。主張→根拠の順が3点セットでの基本でしたね。しかし上の「解答例②」では、

「主張」＋**This is because**「根拠」

ではなくて

「根拠」＋**That's why**「主張」

のように「主張」と「根拠」の順が逆転していますね。慣れてきたらこのように書いてもかまいません。自由英作文では書く形式もかなりの程度「自由」です。柔道、剣道、レスリング、ボクシングなどの格技でも、またサッカーや野球など他のスポーツでも、およそ技能・スキルと呼ばれるものは、初めは必ず「型」から入り、徐々に自由度が増しますね。それと同じです。

実践A 5 解答例③ ◆新興のネット（social media）の方がよい

Information from all over the world is available to us on the web. Using the Internet, we can research any topic we want as thoroughly and for as long as we like, and in different formats as well. For example, if you're looking for information on what's happening to Uyghurs, you can start by reading articles on it, and then watch YouTube videos to enhance your understanding. That's why the web is the best place to get accurate information in the 21st century.　(79 words)

....

→ as thoroughly and for as long as we likeのところは、ちょっと複雑な形に
なっていますね。as thoroughly as we likeとfor as long as we likeとが合体
した形になっています。as long as［文］で「～する限り」という熟語もあります
が、ここはその熟語ではなく、longは「時間が長い」という元来の意味です。for
long= for a long timeです。

→ articles on it のonは「～に関して」。itはwhat's happening to Uyghurs（=
Uigurs）「新疆（しんきょう）ウイグル人の身の上に起こっていること」。

解答例③の解説

・第1文は、比較対象のtraditional mass mediaという語句が出てこないし、一
　見したところ「主張」がありません。しかしよく見ると、All the world's
　information is available to us（世界のありとあらゆる情報が私たちの手に入る）
　on the web（= if you look on the webもしネットを見れば）という表現を使
　うことによって、「あらゆる情報はネットで得られる」（だから従来のマスコミより
　もネットのほうがよいのだ）とネットに軍配を上げている意見だということがわか
　ります。

・第2文は、第1文を言い換えた（Paraphrasing）文です。

・第3文は、For exampleで始まっているのでわかるとおり、「具体例」を書いています。

・第4文では、はっきり「主張」を述べています。第1文は間接的な表現だったので、
　ここで明確に「主張」を展開しています。第1文で明確な形で主張を述べない場合
　には、最終文ではっきり主張を書くことが必要です。その結果、日本語小論文の原
　則である「主張（＝結論）は最後！」とやや似た書き方になっています。

実践A **5** 解答例④ ◆新興のネット（social media）の方がよい

　　　We used to rely on the traditional mass media for the news because there was no other way to get information. These days, however, we have other sources of information on what's going on around the world. Ordinary people around the world have started to post photos, videos and firsthand reports on events on the Internet.　In this way, we can discover that news reports published by the old media is sometimes inaccurate or politically biased. （77 words）

解答例④の解説

第1文と第2文の意味関係に注意しましょう。

・第1文は、「昔」のこと（used toを使用）を書いています。「昔＝従来のマスコミ（TV・新聞)」という意味です。

・第2文は「現在」のこと（These daysを使用）を書いています。「現在＝ネット」という意味です。

第1文と第2文とはhoweverを使うことで、対立していることを示しています。当然、昔よりは現在の方がよいという含みがあります。その結果、現在の状況を述べる第2文が、ネットの方が良いという主張を間接的に示す文になっています。
英文読解の授業でも習ったと思いますが、, however,やButなどの強い逆接語が入る文は、筆者の強い主張を展開する文であることが多いです。

・第3文は、第2文を言い換え（Paraphrasing）して、より具体的に説明している文です。

・第4文は、In this wayから始まりますが、従来のマスコミはときどき不正確で政治的に偏向した（フェイク）ニュースを流す、と従来のマスメディアの欠点を書くことによって、逆にネットの優位性を主張する文になっています。

結論として、解答例④は「主張」が第2文と第4文にあるという点で、定型からはちょっと外れた書き方になりました。

Lesson 23

本編のまとめ

これで意見論述型の自由英作文の講義はすべて終わりました。ここまで「継続こそ力なり」という気持ちでやってきた君の自由英作文の学力は、見違えるほど上がったと思います。私が保証します。

意見論述型の自由英作文は、自分の意見を書かせる試験形式ですから、しっかりとした意見が自分の頭の中にもともとなければ書きようがありません。普段ものを考えていない人が、試験会場で頭をひねったところで、10分や20分でいい考えなどは出てきません。自由英作文試験に対処するには「**ふだんから、ありとあらゆる問題について、できる限り多方面から情報を集めて、それを自分の頭で比較、検討、評価して判断する習慣をつけておくこと**」――これが大切です。情弱（＝情報弱者）のぬるま湯、無知のお花畑から脱却して、しっかりとした自分の意見を持つ大人になるために、それが必要です。この **実践Q 5** に即して言えば、地上波TVと既存の大手新聞だけを見ていてはいけません。もし一方的な情報だけを繰り返し繰り返し与えられていると、人間は知らないうちに偏った見解に染まってしまいます。これを洗脳と言います。そして他方で、ソーシャルメディアも鵜呑みにしないことが大切です。ソーシャルメディアは玉石混淆（ぎょくせきこんこう）です。常に冷静に、多量の情報を比較検討して理性的に判断する態度を持つことが大切です。

あとがき

　ついに本書「これだけっ！自由英作文　大原則編」（オレンジ版）を完了しましたね、おめでとう！

　これで君の実力はかなり上がりました。何より自由英作文に対して不安が軽減され、自信がついたと思います。

　今後の学習方向は、次の2つのうち、どちらか1つへ進みます：

①君が受ける大学の自由英作文問題の「過去問」を、「赤本」を使って解いて実力を磨く。

②このまま姉妹編「安武内ひろしのこれだけっ！自由英作文　難関大学攻略編」（ブルー版）に進む。

　姉妹編の「難関大学攻略編」（ブルー版）では、特色ある問題を出す大学の代表的な過去問を取り上げて、その解法をまた1から説明していきます。例えば、東京大学や横浜国立大学の「写真説明問題・イラスト説明問題」とか、京都大学の「英会話中の部分英作文問題」とか、早稲田大学文学部・文化構想学部の「英文を1文で英語要約する問題」とか、名古屋大学の「図表グラフ読み取り英作文問題」とか…

　ですからそのような特色ある難関大学（国立医学部・東大・京大・阪大・名大・東北大・早稲田大・慶応大など）を受ける人は、まず②をやらねばなりません。これは必須です。

　一方、中堅大学を受ける人は、自分の受ける大学の過去問から判断します。本書で扱った「意見を論述する自由英作文」とはちがう形式が出題されている場合には、②に進みます。それ以外の人は①に進みます。

　さあ、もうひと頑張りです！勝利はもうそこにあります。頑張ってください！

あぶない（安武内）ひろし

著者紹介 ....

安武内　ひろし

予備校英語講師。米国フロリダ州マイアミのUniversity of Miami大学院でTESOL（外国語としての英語教授法）を専攻。大学院修士終了後、フロリダ電力株式会社に就職。通訳・翻訳部員として、QC（品質向上）活動の最高賞であるデミング賞受賞に貢献する。同社退社後、ニューヨーク州Cornell University大学院の夏季集中講座で日本語教授法を学び、その後4年間ペンシルベニア州フィラデルフィア郊外のUrsinus College（アーサイナス大学）にて専任講師として、日本語と日本文化を担当。一方、同時期、同州北部AllentownのAT&T Bell 研究所で4年間、毎週、技術者や重役に日本語を教える。帰国後、代々木ゼミナール、河合塾、佐鳴予備校、神奈川県の大学、埼玉県の高校で教鞭をとる。主な著書は、『むらきひろしの口語英語講義の実況中継』（語学春秋社）、『安武内ひろしのセンター英語完全対策』（三省堂）、『会話長文のナビゲーター』（研究社）、『入門からの速効音トレ英語リスニング』（研究社）、『日本語発想を捨てれば英語は話せる』（研究社）、『7日間で突然英語ペラペラになる本』（プレジデント社）、『英語リスニング9つのルール』（DHC）、『一流企業のビジネス英語 (共著)』(秀和システム)、『英検準2級・2級面接試験対策』（秀和システム)、『法助動詞の底力』（プレイス)、『洋楽を歌おう！（1＆2）』(秀和システム)、『いきなり英語スピーキング』（ジャパンタイムズ）、その他多数。訳書に『ここがおかしい日本人の英文法』（研究社）。自由英作文指導は、20年くらい前に自由英作文という形式が大学入試に出始めた頃から、独自のメソッドでずっと取り組んでいるので、大学入試の（そして英検の）自由英作文指導における、日本での先駆者でもあり、またトップランナーの一人とも目されている。

これだけっ！自由英作文 大原則編

2021年10月10日　　第1刷発行

著　　　者	安武内　ひろし
発 行 者	出口汪
発 行 所	株式会社　水王舎
	東京都新宿区西新宿 8-3-32　〒160-0023
電　　　話	03-6304-0201
装　　　丁	岩永香穂
イラスト	亜希川ヒロ
編集協力	石川享（knot）
本文印刷	光邦
カバー印刷	歩プロセス
製　　　本	ナショナル製本

▶ただよび 大学受験シリーズ

寺島よしき

英文法講義

オンリーワン！
最新入試問題頻出30項目詳説

絶対はずせない、質にこだわった30項目を網羅し、
最新の入試問題を精査し、出題頻度の高い問題を
集めた、大学受験に完全対応した、どこにもない
オンリーワン講義。

定価　1300円＋税

ISBN978-4-86470-161-7

▶ただよび 大学受験シリーズ

出口 汪

現代文講義 評論編

いちばんわかりやすい！
実況論理国語

現代文のみでなく、古文・漢文さらに数学の文章題、理科の実験問題、社会の資料問題などすべての科目の土台となる読解力を鍛え、小論文試験にも対応できる力がつくライブ講義。

定価　1400円＋税

ISBN978-4-86470-160-0

▶Essay Writing

安武内ひろし

これだけっ！
自由英作文

難関大学攻略編

「これだけ！自由英作文　大原則編」の姉妹
編（ブルー版）
特色ある大学の代表的過去問をとりあげ、
その解法を徹底説明。

2022年1月刊行！

定価　1400円＋税

ISBN978-4-86470-166-2